データが語る

おいしい野菜の健康力

分析科学・薬学

及川紀久雄

分子栄養学

丹羽　真清

科学する農家

霜多　増雄

著

丸善出版

はじめに

デパートやスーパーマーケット、街の八百屋のケースには、いろいろの彩りや姿・形のおいしそうな野菜が並んでいます。近年は消費者も、それぞれの野菜にビタミン類、ミネラル成分、カロテンなどの機能性成分、食物繊維などが含まれていることを学んでいます。それらの食材を調理してできあがった料理がお皿に盛られたようすを想い描きながら、また栄養と健康のことを考えながら買い求めます。

そうです。私たちの「食」はただお腹を満たすのではなく、おいしくいただき、健康な体を維持し、時には体調を快復することも考えて「食」を楽しみます。

そして今、著者らは長年の野菜に関する研究成果から、「野菜の食」はまさしく命の「薬」、薬食同源であることの強い想いを新たにしているのです。

著者の及川紀久雄は、分析科学と薬学の視点から土壌や野菜の成分とその改善を研究してきました。丹羽真清はデザイナーフーズ株式会社とデリカフーズ株式会社において、一〇年を超えて全国から集まる二万検体以上の野菜について化学成分、ことに健康維持に欠かすことのできないフィトケミカル、いわゆる野菜の機能性成分についてデータを集積評価し、貴重な多くの成果を得ています。また霜多増雄は生産農家として、分析装置を導入し、その分析データをすばやく現場に反映し、高品質野菜の生産を実現してきました。このようなデータは著者らを除いては多くは持ち合わせていないだろうと思います。

本書は分析科学をもとに農作物の生産のあり方を考える者、分析データをもとに野菜・ハーブの生産を行う者、生産された市場流通段階の野菜・果物を分析し、分子栄養学の視点からデータを解析・評価を行う者、それぞれ違う分野の三者がコラボレーションして、それぞれのデータを持ち寄り、評価して書き上げました。

本書は消費者、栄養士、学校給食、病院給食、食育関係者、医師、薬剤師、農業生産者、野菜ソムリエ、野菜市場関係者など多くの方々にお読みいただきたい。そして学童や社会の人々の食育のあり方を考えるための一助ともなれば幸いです。

二〇一二年　初春

及川紀久雄
丹羽真清
霜多増雄

もくじ

序

あなたは健康な野菜を食べていますか

誰もが健康と美しさを保って元気でいたいと思います。健康も美しさも食事にあることはいうまでもありませんが、「食材」と「食べ方」にその秘密があるのです。健康で美しくあるためには野菜や果物がもっている「抗酸化力」、「免疫力」、「解毒力」の働きを上手く考えた「食材」選びと、その「食べ方」がとても大切です（4章参照）。

私たちは空気中の二一パーセントの酸素を吸って生きています。体内ではその約二パーセントが活性酸素となります。ところがこの活性酸素は健康維持にはなくてはならないものなのですが、ごくごくわずかでいいのです。余分な活性酸素は細胞膜を傷つけたり、がんなどの疾病を誘発したりします。そして老化現象を早めます。この活性酸素を消去してくれるのが「抗酸化力」

のある野菜や果物です。

体内に病原性細菌や毒性物質が侵入すると免疫機能が働き、障害が出ないように抵抗して働いてくれます。体の免疫システムを元気にして、免疫力を高めることは命のために大切です。それには「免疫力」をアップさせる力のある野菜を食べることです。

体内の正常な機能に影響を及ぼす老廃物のような物質を体外に出す、あるいは無害な物質に変えることを解毒といいます。解毒を促進する成分が含まれている「解毒力」の高い野菜や果物を食べることが大事です。

野菜や果物には「抗酸化力」、「免疫力」、「解毒力」のそれぞれの機能性を発揮するフィトケミカルとよぶ成分が多数含まれています。もちろん野菜や果物の種類によって、また栽培方法や季節によって含まれている成分とその量は異なります。多くの野菜や果物を分析し、データを整理しますと、旬の野菜はおいしく、それぞれの機能性成分がしっかり含まれ「野菜のチカラ」が見えてきます。したがって、同じ種類の野菜ならどれでもいいというわけにはいかないのです。それぞれの機能を十分に発揮できるような食材の選び方とその食べ方が重要です。

カフェやレストラン、自宅の食卓で野菜サラダをいただいたときに、みずみずしくパリッとした食感は良いのですが、うま味を感じないときがしばしばあります。時には気持ちが悪くなるほどの苦みさえ感じるときもあります。なかなか煮えない土臭いにおいが残る大根、煮えないジャガイモ、また白菜の一夜漬けが硬いままで漬かっていないなど、多くの方が経験しているかと思います。でも野菜を食べないと健康に良くないからと無理して食べてしまいます。

従来から農作物は生産性、経済性を最優先にした、質より量、姿・形のものづくりでした。そこには、本来人の命を守るための重要な生命産業であることの認識が薄れかけているのです。そのような意味合いから作物生産における基本的な点について指摘しておかなければなりません。

① それらの野菜の多くは、不健康な土壌で育った不健康な野菜なのです。その多くは窒素などの肥料の施肥過剰や、熟成していない腐敗物同様の不完熟な有機堆肥を使っています。硝酸濃度が高い野菜はおいしくなく、うま味がありません。「野菜のチカラ」の機能性成分も十分に含まれていないことが多いのです。

② 農業生産者は、農作物をつくる基本は「健康な土壌に健康な作物が育つ」であることをよく理解していないのです。

フランスの科学者で医学生態学領域の研究者アンドレ・ヴォアサン（一九〇四～一九六四年）が「人間と動物の病気を治したければ、まず土壌を健康にしなければならない」といいました。健康な土壌から豊かな酵素とミネラルを吸収して育った健康な作物は、機能性成分とミネラル成分を蓄え、人間や動物に供給してくれます。健康を維持するには健康な作物を食べる、それには健康な土壌づくりが大事で、まさしくその通りなのです。

I

おいしい野菜は健康に良い

1

健康に良いおいしい野菜とはどんなもの

健康に良い野菜、それは「硝酸濃度が低く、おいしい」が第一条件でしょう。硝酸濃度が高い野菜はとにかくおいしさがなく、食感が悪く味気なさを感じ、糖度も低いのです。でも市場に出ている野菜は硝酸濃度の高い、おいしさに欠けるものが多くみられます。

硝酸濃度と健康影響については、硝酸がヒトの体内に入ると口中で唾液とともに亜硝酸に変化します。高い濃度の亜硝酸は乳児にメトヘモグロビン血症を引き起こした例があります。また亜硝酸は、体内でジアルキルアミンと反応して、発がん性が疑われているニトロソアミン化合物の生成に関与すると考えられております。ちなみに水道水質基準には、亜硝酸態窒素および硝酸態窒素の健康影響を考慮して一〇㎎／Lと定められています。

健康な野菜には、ビタミンCやポリフェノールやカロテンなど多くの抗酸化成分などが含まれています。私たちは健康に良いミネラル成分は食べ物から取り入れています。健康な作物は健康な土壌からしっかりとミネラルを吸収し、私たち人間に供給してくれているのです。

野菜や果物のおいしさには甘さ、いわゆる糖度も大事です。糖度が高い野菜は硝酸濃度が低く、抗酸化作用などの機能性成分が多く入っています。

野菜や果物から残留農薬と病原性細菌が検出されないことも大事です。生野菜は、とくに消化酵素など体に必要な多くの種類の酵素や、加熱で壊れやすいビタミンCもしっかり摂取できます。でも、生野菜に病原性細菌や回虫、蟯虫がいたら大変なことです。

このような高品質で健康な野菜は、健康な土壌で育つのです。健康な土壌からはアンモニアが検出されないこ

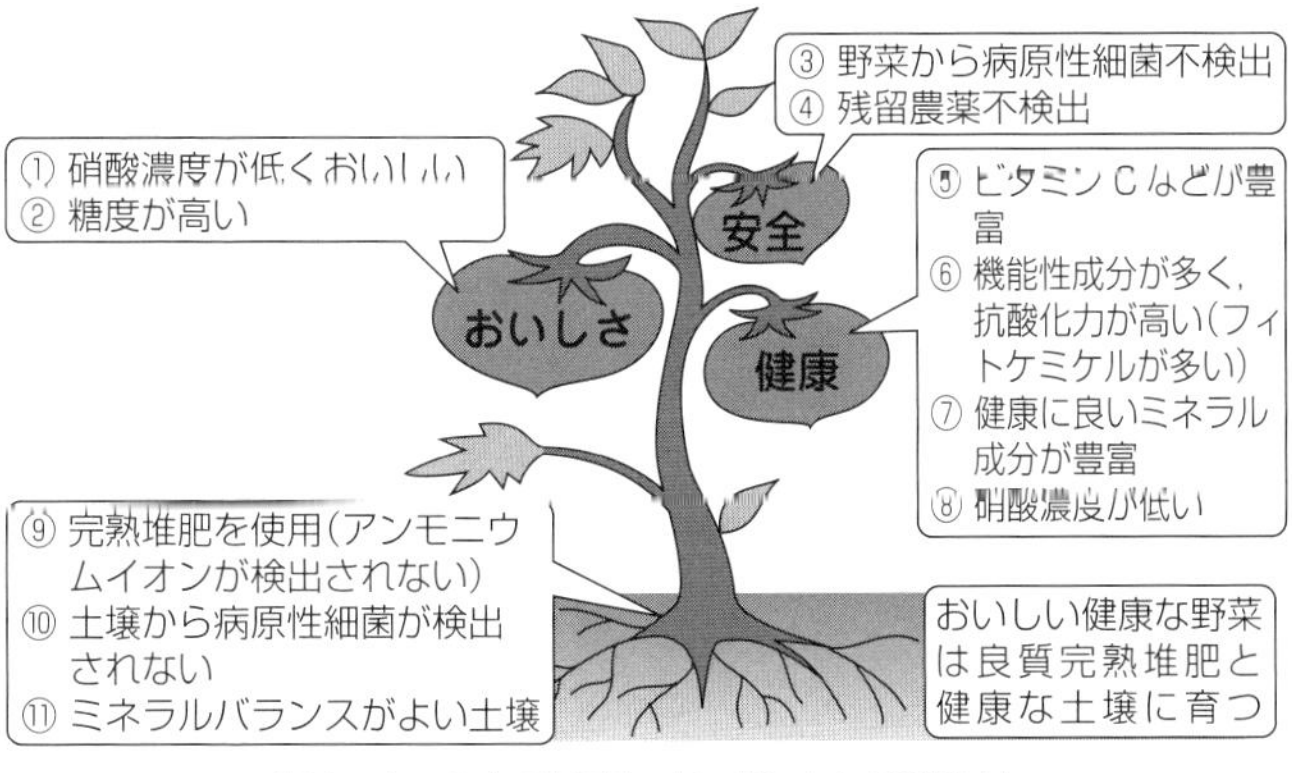
③ 野菜から病原性細菌不検出
④ 残留農薬不検出
① 硝酸濃度が低くおいしい
② 糖度が高い
安全
⑤ ビタミンCなどが豊富
⑥ 機能性成分が多く，抗酸化力が高い（フィトケミケルが多い）
⑦ 健康に良いミネラル成分が豊富
⑧ 硝酸濃度が低い
おいしさ
健康
⑨ 完熟堆肥を使用（アンモニウムイオンが検出されない）
⑩ 土壌から病原性細菌が検出されない
⑪ ミネラルバランスがよい土壌
おいしい健康な野菜は良質完熟堆肥と健康な土壌に育つ

図1・1　安全で健康に良いおいしい野菜とは

とはもちろんのこと、病原性細菌も検出されなくなります。そこからホンモノの野菜ができるのです。安全で健康に良いおいしいホンモノの野菜がもっている必要条件と、そのための健康な土壌の条件を図１・１に示しました。

2 おいしい野菜の健康成分

今までは、炭水化物やタンパク質、脂肪との栄養バランスから、ビタミンが不足すると良くないからと緑黄色の野菜を食べましょう、果物も食べましょうという漠然とした考え方で食事をしてきたのではないでしょうか。

野菜や果物にはヒトの体内でつくれない、ヒトの生理機能を円滑にして、健康を維持増進するために必要なビタミン、ミネラルだけでなく多種類のポリフェノールなど機能性成分であるフィトケミカルが含まれています。近年の研究成果から、それらの成分は微量でそれぞれ生理機能をもって酸化ストレスの緩和作用、発がん予防、生活習慣病の予防と改善など多くの機能性成分とその作用がわかってきました。

薬食同源[*1]という言葉がありますが、これは日頃からバランスのとれたおいしい食事をとることによって病気を予防し、薬と同様に食事は病気も治すという考え方です。近年、野菜や果物の成分とその薬理学的効果研究からまさしくこの言葉通りであることがわかってきました。

本書の著者の一人である丹羽は、食と生命《いのち》をつなぐ新しいことば「健美食同源」[*2]を提言しています。「健美食同源」とは、「健康と美しさを保つもとは毎日の食事であり、健康も美しさも食事から生命を養い健やかな長寿をもたらすもので、その本質は同じ」という意味です。私たちは日常の生活では、「食」と健康な生活とつながりを意識することは少ないかもしれません。しかし、私たちの体は、食物によって日々損傷した細胞が修復され、古い細胞と入れ替わっています。旬の季節の野菜、あるいは旬のものと同等の機能性成分を含む食材を取り入れることが酸化ストレスを解消し、免疫力と解毒作用を高めます。健康と美しさを保つもとは、「食」=「健美食同源」と考えています。

＊1　「薬食同源」はもともと中国で古くから伝わる言葉なのですが、一九七二年ＮＨＫの料理番組で、医師の新居裕久氏が健康長寿の食事として薬食同源から「医食同源」を造語したものといわれ、現在は造語のほうが古来の言葉のように使われています。

＊2　「健美食同源」は、デザイナーフーズ㈱の商標登録です。

表２・１　野菜・果物の機能性成分とその効果

野菜・果物	機能性成分と効果
トマト  ＜抗酸化，免疫強化＞	赤い色素リコペンは抗酸化作用が強く，高リコペン生食用トマトが市場に出ています．従来のピンク系のトマトにはリコペン含量は多くありません．カゴメ㈱の調査では赤系トマトのほうがリコペン，総カロテノイド，ビタミンC，グルタミン酸の含有量はいずれの成分もピンク系トマトより２～６倍もの含量濃度が高いことがわかりました． カロテンは黄色色素で，ビタミンＡの前駆物質です．視覚機能の保持，免疫機能の維持の効果があります．新鮮なトマトやトマトジュースは血中抗酸化能の上昇と，中性脂肪とLDL-コレステロールを減少し，動脈硬化の予防となります．ビタミンＣも豊富で抗酸化物質です．タンパク質や脂肪の代謝を助けるビタミンB_6，整腸作用のあるペクチン，高血圧を防ぐカリウムやルチンなども含みます．そのほか，うま味成分アスパラギン酸も多く含んでいます．血圧抑制調整作用があるGABA（γ-アミノ酪酸）を多く含みます． 最近，京都大学の河田照雄教授らがマウスの実験で肝臓内の脂肪を燃やして中性脂肪を減らす，トマトの成分として脂肪酸の一種“13−oxo−ODA”を発見したことを米国の科学雑誌*PLoS ONE*で発表（2012年２月）し話題になっています．
玉ねぎ 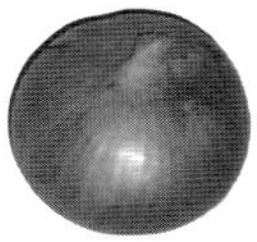 ＜抗酸化，免疫強化＞	ケルセチン，硫化アリルが豊富で，抗酸化力，腸内改善作用，肺がん，胃がんの予防効果があるとされています．玉ねぎの含硫アミノ酸（アイリン）は切ると涙の出る硫化アリル（アリシン）に変わり，100℃以下で加熱するとジスルフィド類のアエホンなどに変化しますが，いずれの成分も抗酸化力を発揮します． ケルセチンは血栓形成の抑制効果が確認されています．オランダの調査で，玉ねぎを多く食べケルセチン摂取量が19.1 mg/日以上の人は心臓病の危険度が1/3以下だったということです．ただ，ケルセチンは玉ねぎの外皮に多く含まれ，その粉末が健康食品として市場に出ています．玉ねぎには甘味のもとのオリゴ糖が入っており，ビフィズス菌を増やし整腸効果や便秘にも効果が期待されています．

（つづく）

表2・1　野菜・果物の機能性成分とその効果

野菜・果物	機能性成分と効果
ニンジン  ＜抗酸化・一重項酸素＞	ビタミンAの含有量がだんとつに高い根菜です．また栄養素としてα-カロテン，β-カロテンは知られていますが，β-カロテンの含量はとくに多く，抗酸化作用があり，がん予防効果が期待されています．β-カロテンの約50％がビタミンAに変換されます．食物繊維も多く整腸作用があります．ビタミンAは目のビタミンともよばれ，タンパク質とともにロドプシンという光を感受する物質が，暗いところでの視力を保つ機能にかかわっています．ビタミンAはタンパク質の合成にも重要な働きをします．ニンジンジュースを飲むときはゆでてからのほうがよいでしょう．ゆでるとβ-カロテンの濃度が1.5倍程度高くなります．
ほうれん草  ＜抗酸化＞	ビタミンC，ビタミンB_1，ビタミンB_2，ビタミンK，葉酸などのビタミン類とカリウム，マグネシウム，カルシウム，リン，鉄などのミネラルが豊富です． 葉酸はほうれん草から発見されました．胎児の発育に重要なビタミンで，妊娠中には積極的に摂取することが必要です．また最近，認知症の予防やがんの抑制に効果があることもわかってきました．血圧調整作用による高血圧予防効果があるGABA（γ-アミノ酪酸）を多く含みます． β-カロテンの含量も高く，抗酸化作用があります．冬期の旬のものはビタミンCなどの含量が豊富で，糖度も高くおいしいです．
キャベツ  ＜免疫強化，解毒力＞	ビタミンC，ビタミンA，ビタミンB_1，ビタミンB_2，ビタミンE，葉酸などビタミン類が豊富な野菜です．また胃腸の粘膜修復作用，整腸作用のあるビタミン様物質の別名キャベジンともよばれるビタミンU（メチオニンメチルスルホニウム）が含有されていることは有名です．葉の緑色の部分にカロテンが多く含まれ抗酸化作用が期待されます．また発がん物質を解毒する酵素の生成を促す成分ジチオールチオニンを含有しています．

ゴーヤ（にがうり）  <抗酸化力>	2011 年の夏は電力供給不足から節電の一環として，全国的にグリーンカーテン用の野菜として家庭，事業所，役所の窓辺に植栽し，ゴーヤブームが起きました． ゴーヤはウリ科 1 年生草本で，和名はにがうり（苦瓜）です．名前の通り外皮に苦味成分モモルデシチンとチャランチンが含まれますが，これらの成分にはインスリン様の血糖値調整機能が認められ，ヒトでの空腹時血糖値降下作用が確認されています．また，苦味成分は胃液分泌を促して消化を助け，食欲増進を助けます． ビタミン C は際立って高く，ほうれん草の 2 倍程度で，抗酸化力も期待できます．そのほか β-カロテン，葉酸，カリウムも多く含まれており生活習慣病予防にも役立ちそうです．
白　菜  <免疫力，解毒力>	ビタミン C，葉酸，カリウムが比較的多く含まれているものの，95％が水分であるため成分の量的摂取は多くありませんが，加熱するとかさが大きく減るため食物繊維の摂取が多くなります． 白菜は漬けてもビタミン C の損失が少ないです． グルコシノレートという辛味成分が含まれており，肝臓の解毒作用を活性化します．
トウガラシ  <抗酸化力，エネルギー代謝>	辛味成分のカプサイシンはエネルギー代謝を高め，交感神経を刺激してアドレナリンの分泌を促進し脂肪分解酵素の働きを強め，熱を出して体を温めます．また胃液の分泌を促し，消化吸収を良くします．β-カロテンの濃度も高く抗酸化作用が期待されます．

（つづく）

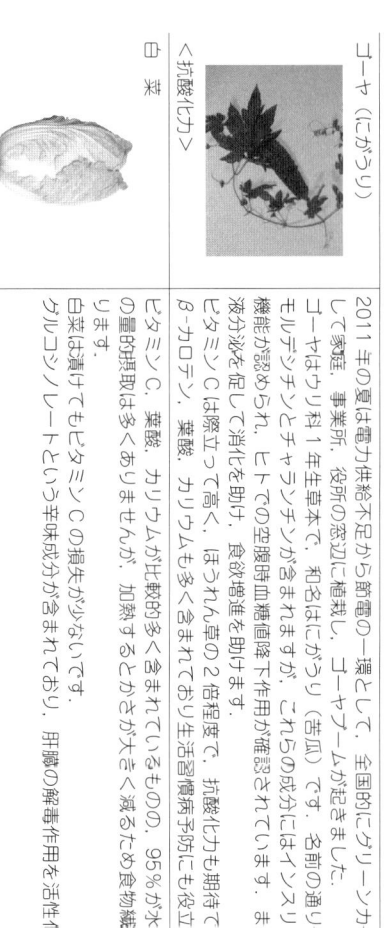

表２・１　野菜・果物の機能性成分とその効果

野菜・果物	機能性成分と効果
かぼちゃ  <抗酸化力，免疫力>	日本には昔から，冬至には「かぼちゃ」を食べる習慣があります．緑黄色野菜の少ない季節にβ-カロテンの多いかぼちゃを食べて感染症や風邪に抵抗力をもつとともに，皮膚や粘膜を守るという，まさしく科学です．日本かぼちゃと西洋かぼちゃがありますが，市場はほとんど西洋かぼちゃで，カロテンは日本かぼちゃの５倍程度の含量です．ビタミンA，ビタミンE，β-カロテンとβ-クリプトキサンチンを多く含み抗酸化力，免疫力を増します．血圧調整作用による高血圧予防効果があるGABA（γ-アミノ酪酸）を多く含みます．
にんにく  <解毒力>	にんにくに多く含まれているアリシンは抗菌作用が強く，体内でビタミンB_1の吸収を高め疲労回復に効果があります．またビタミンB_1と結合してアリチアミンをつくりビタミンB_1と同じ作用をします．リン，カリウム，亜鉛，ビタミンB_2，硫化アリルも豊富でがん予防も期待されます．
ブロッコリー  <抗酸化力，解毒力>	ビタミンB_1，ビタミンB_2，ビタミンC，ビタミンE，β-カロテン，ルテイン，イソチオシアネート，食物繊維，リン，鉄，カリウム，亜鉛などのミネラルが豊富です．とくにビタミンK，ビタミンC，葉酸はキャベツより含量が数倍高いです．ブロッコリーの新芽に含まれるポリフェノールの一種スルホラフェンは体内に入った有害物質の解毒作用を活性化する作用があります． 胃潰瘍予防，肌荒れ防止，整腸作用，肥満予防およびがん予防が期待されます．

レタス 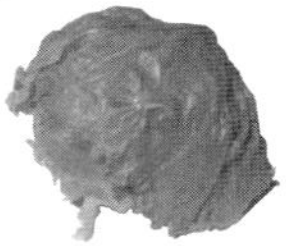 ＜免疫力，むくみ疲れ＞	多種類の成分が含まれているものの95％が水分であるため，量を喫食した割合には成分の摂取量に多くありません．新鮮なレタスを摂取すると血中の抗酸化活性が高まります． カロテン，ビタミンC，ビタミンEのビタミン類やビタミン様物質のビタミンU（メチオニンメチルスルホニウム），カルシウム，カリウム，鉄，亜鉛などのミネラルが含まれ，整腸作用，高血圧予防が期待されます．
大　根  ＜免疫力＞	ビタミンCと消化酵素のジアスターゼが豊富で，胃の消化を助けます．辛味成分イソシアナートには抗がん作用が期待されています． 最近，辛味成分の一つである硫黄化合物のメチルメルカプタンが，がん細胞を破壊するTNF（腫瘍壊死因子）の産出を促進する働きがあることがわかりました．活性酸素を除去するビタミンCや消化を助けるジアスターゼも多く含まれています． 葉にはビタミンC，β-カロテン，カルシウム，食物繊維が含まれ，良い食材になるのですが，残念ながら店頭では葉の部分をカットして販売されています．
な　す 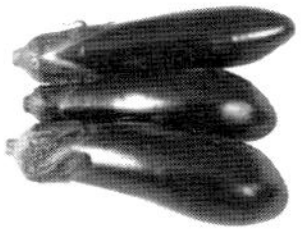 ＜抗酸化力，免疫力強化＞	ビタミンCやビタミンB_1，葉酸もありますが，93％が水分なので摂食量の割合には成分量が少ないです．紫紺色の皮にはアントシアン系色素のナスニンが含まれ，抗酸化作用があります．ナスニンはがん細胞の増殖抑制の効果が期待されています．また血管をしなやかにするルチンも皮に多く含まれています． なすを切ってそのままにしておくと茶褐色なりますが，その茶褐色は抗酸化物質のクロロゲン酸です．調理するさいは，長い間水にさらさないようにすることをすすめます．胃液の分泌を促し，肝臓機能を高めるコリンも含有しています．血圧調整作用による高血圧予防効果のあるGABA（γ-アミノ酪酸）を多く含みます．

（つづく）

表 2・1　野菜・果物の機能性成分とその効果

野菜・果物	機能性成分と効果
ピーマン（青，赤）， ベル型ピーマン（パプリカ）  ＜抗酸化力＞	ピーマンもパプリカも同じナス科唐辛子の仲間です．ベル型赤ピーマンはβ-カロテンとビタミンC，葉酸，ビタミンE，ナイアシンなどの含有量が青ピーマンより高く，そのほかカプソルビン，ゼアキサンチンなど数十種類のカロテノイドが含まれています．ベル型黄ピーマンも赤ピーマンに近い成分量を含有しています．またフラボノイドの中間であるビタミンPも含まれており，血圧上昇の抑制や血中中性脂肪を分解することなどわかってきました． カゴメ㈱の青と赤のピーマンの栄養調査では，赤ピーマンは青ピーマンよりビタミンCは2.5倍，ビタミンEが6倍，ビタミンU（メチオニンメチルスルホニウム）が1.5倍，カロテノイドが9倍でした．デザイナーフーズ㈱のパプリカの色別の抗酸化力の測定結果では，赤 ＞ 紫 ＞ 黄色 ＞ 緑の順でした．
アスパラガス  ＜抗酸化，免疫力強化， 解毒力＞	β-カロテン，ビタミンC，ビタミンE，ビタミンB_1，ビタミンB_2，ビタミンB_6，葉酸などのビタミン類，カリウム，マグネシウム，亜鉛，鉄などのミネラル類，またアスパラギン酸，ルチンなども多く含まれています．抗酸化作用と腸内環境改善が期待されます．アスパラガスの穂先に抗酸化力，解毒力の強い硫黄化合物のグルタチオンを多く含みます．グリンアスパラガスのほうがホワイトアスパラガスより機能性成分量を多く含みます．また過酸化脂質の抑制効果は野菜の中でだんとつに高いです．アスパラギン酸はアミノ酸の一種で免疫力を高め，疲労回復に効果があり，ルチンはビタミン様物質で毛細血管を保護，血圧を下げます．血圧上昇抑制や肝臓の働きを強くする効果があるとされているGABA（γ-アミノ酪酸）も多く含みます．
かんきつ類 	かんきつ類にはヘスペリジンやナリンギン，ノビレチンなどのフラボノイド，β-クリプトキサンチンなどのカロテノイド，クマリン，テルペンなど多くの種類の機能性成分が含有しています．これらの成分は酸化ストレスに有効に作用します． β-クリプトキサンチン（β-CRP）はヒト体内で見出される主要カロテノイドの一つで，高摂取者は，がんの発症率が低いという疫学調査結果が出ています．また骨代謝作用に関与し

＜抗酸化力＞	骨粗しょう症の発現率を低くするという報告もあります．ノビレチンやクマリン類は発がん抑制効果が期待されています．生活習慣病の予防にも期待されています．
温州みかん  ＜抗酸化力＞	β-クリプトキサンチンが特徴的に含有されてされおり　喫食量の多い地域では閉経女性の骨密度の低下を予防しているとの報告があります．
リンゴ 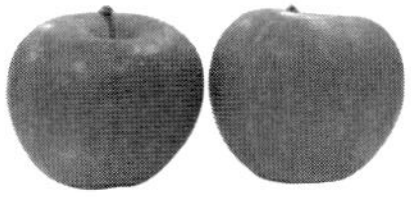 ＜抗酸化力，免疫力＞	リンゴにはカテキン，エピカテキン，ケルセチン配糖体などのポリフェノール類が多く含まれ，抗酸化活性が高く，アンチエイジングに効果があります．リンゴ酸，クエン酸も豊富で疲労回復にも効果があります． 赤い皮にはポリフェノールや多種類のテルペン類が見つかっており，抗酸化力やがん細胞増殖抑制が期待されています． プロシアニジンは青い品種に多く含まれており，皮の部分は果肉の４倍ものポリフェノールが含まれています．疫学調査からがん，脳卒中，ぜんそくなどの予防効果が確認されています． リンゴを煮ることにより，抗酸化力が高まります．「リンゴ１日１個で医者いらず」といわれていますが，これは水溶性食物繊維のペクチンが多く含まれており，コレステロール値を下げる効果や血糖値の急激な上昇抑制，下痢や便秘の整腸作用，脂質の吸収阻害など生活習慣病に効果があるからです．ペクチンは梨や桃などにも多く含まれています． リンゴの表皮にワックスを塗って磨いたようになっていますが，リンゴが自然に生成するもので，ろう質顆粒とウルソール酸結晶のろう質物質でできています．果皮を保護し，果肉から水分の蒸散を抑制して鮮度を維持しているのです．

（つづく）

表２・１　野菜・果物の機能性成分とその効果

野菜・果物	機能性成分と効果
桃 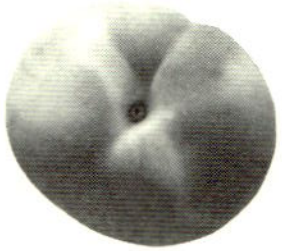 <抗酸化力>	水溶性食物繊維のペクチンが多く，コレステロール正常化や整腸作用に働きます．カリウムも多く体内からのナトリウムや老廃物の排出に効果があります．ナイアシンは，生体内の酸化還元反応に関与しています．また，脳の神経伝達物質のグルタミン酸やL-チロシン，ドーパミン，セロトニンなどがアミノ酸からつくられる過程で重要な働きをしています． ポリフェノール類のカテキンも含まれています． クエン酸やリンゴ酸も多く疲労回復に効果があります．
サクランボ  <抗酸化力>	アントシアニンが多く抗炎症作用，抗酸化作用の効果が期待できます　主たる成分はシアニジンの配糖体で高い抗酸化力をもっています．糖アルコールのソルビトールは，難消化性の甘味成分で便秘解消に効果があります． サクランボの種類によっては抗酸化作用のあるメラトニンを含んでいるものもあります． 有機酸のリンゴ酸やクエン酸も豊富で疲労回復に効果が期待できます　ミネラルではカリウムが多く血圧調整に効果があります．
イチゴ 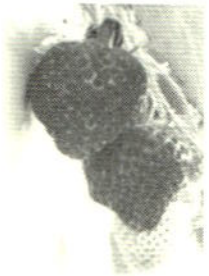 <抗酸化力>	抗酸化性の強いポリフェノール類のエラグ酸やアントシアニン類のシアニジン 3-グルコシド，ペラルゴニン，ペラルゴニン 3-ルチノシドなど，フラボノイド類のケンフェロール，ケルセチン，カテキンなどが豊富です．また，ビタミンＣやクエン酸，リンゴ酸などの有機酸の成分量も多く，美肌づくり，アンチエイジングに効果があります．そのほか葉酸，食物繊維も多いです． 脳の中で神経伝達物質として働き，集中力，やる気を起こし自律神経をコントロールするセロトニンを合成*するアミノ酸のトリプトファンを多く含みます（*トリプトファンからセロトニンがつくられるには葉酸，鉄，ナイアシン，ビタミン B_6 なども必要です）． 生活習慣病予防にも役立ちます．

ブドウ  ＜抗酸化力＞	スチルベノイドの一種レスベラトロール，アントシアニン，カテキン，ジヒドロフラボノール，フラボノール，プロアントシアニジンなどの抗酸化性など，機能性の高い成分が多く含まれており，アンチエイジング効果があります．眼精疲労回復，肝機能強化や果糖，ブドウ糖などの糖質成分による疲労回復なども期待できます． カリウム，リン，鉄などのミネラル成分も多く，とくに干しブドウに多いです．高血圧予防効果のあるGABA（γ-アミノ酪酸）を多く含みます． 近年，ブドウの果皮や赤ワインに含まれているレスベラトロールは，抗酸化作用のほかに健康寿命の延伸に繋がるのではと期待されています．また，ブドウ種子に含まれている抗酸化力の高いオリゴメリック・プロアントシアニジン（OPC）は，動脈硬化や脳機能を高める効果が期待されます．
柿  ＜抗酸化力＞	β-カロテンやビタミンCが豊富で，また縮合型タンニンのプロアントシアニジンは，酸化ストレス緩和や血糖値降下が期待されています．酸化ストレスに対し防御的に働き，循環器疾患予防に有効であるとされています． 干し柿はβ-カロテンは約2.3倍，β-クリプトキサンチンは4倍以上含んでいます． 柿渋の正体はカキタンニンで，アントシアン，フラボノイドから合成されたポリフェノールです．もちろん抗酸化作用があります．
ブルーベリー  ＜抗酸化＞	アントシアニンなどのポリフェノール類が豊富に含まれ，抗酸化作用が強いです．またアントシアニンは，目の視覚機能の正常化への回復，夜間の視力機能，視野の回復が期待されます．ビタミンEや食物繊維も豊富です．糖質，ビタミンC，カリウム，β-カロテンも多く，がんや高血圧，糖尿病などの生活習慣病に効果が期待されています．

（つづく）

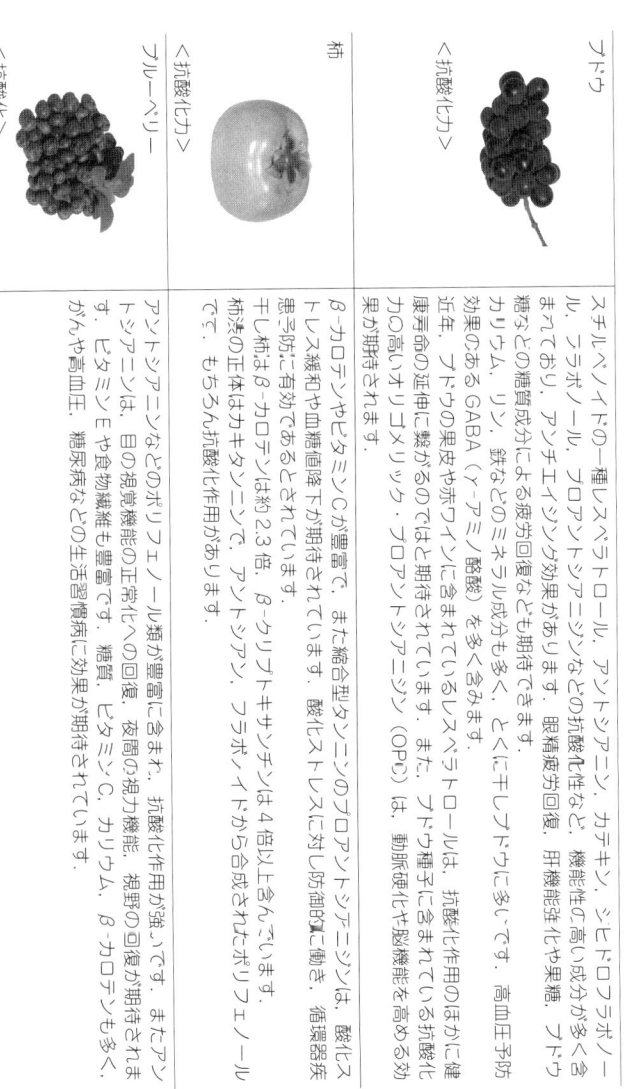

表2・1　野菜・果物の機能性成分とその効果

野菜・果物	機能性成分と効果
スイカ  <抗酸化，免疫力>	利尿作用を促すカリウムやアミノ酸のシルトリンを含有します．シルトリンは血流を改善し，動脈硬化を予防する効果もあります．赤いスイカにはβ-カロテン，リコペンが豊富で抗酸化力があります．スイカは紫外線の影響による一重項酸素，また過酸化水素，ヒドロキシラジカル（OH^-）の活性酸素に対する高い効果が期待されます． スイカの赤い色はリコペンで，トマトの1.5倍も含まれています．強い抗酸化作用とメラニンの生成を抑制し，美白効果も期待されています．
バナナ  <免疫力，抗酸化力>	炭水化物とオリゴ糖が豊富で消化吸収もよく，即効のエネルギー源となります．カリウム高含有果物で血圧降下作用が期待されます．アミノ酸のトリプトファンとビタミンB_6を豊富に含み，マグネシウムも多く含有しています．ビフィズス菌を増やすフラクトオリゴ糖が含まれています．
メロン  <酵素力，抗酸化力>	赤肉メロンにはβ-カロテンが豊富で，紫外線影響による一重項酸素を捉える強い抗酸化力があり，美容に効果があります．活性酸素が関与する動脈硬化，がん，糖尿病などの疾病のリスクを低減する作用が期待されています．メロンポリフェノールの抗酸化力が期待されているメロンもあります． マスクメロンにはγ-アミノ酪酸（GABA）が多量に含まれており，高血圧に効果があります．果糖，ショ糖，ブドウ糖が多いため，疲労回復に効果があります　メロンのわたの部分にはこれらの成分量が多いので，捨てないで食べることをすすめます．

表２・１に野菜や果物にどんな健美食同源となる機能性成分が含まれているのか、おもなものについてあげてみました。それぞれの野菜や果物はまさしく健美食同源、健やかな生命を繋ぐ薬であることがよくわかります。

二〇〇〇（平成一二）年から厚生労働省が心臓病、脳卒中、糖尿病、脂質異常症、高血圧、肥満などの生活習慣病予防のための国民健康づくり運動「健康日本21」をはじめました。その生活習慣病の直接的な原因は食生活のあり方、不規則な生活、喫煙・飲酒、運動不足などに起因することはいうまでもありませんが、予防医学の研究が進むにつれて生活習慣病の発症に活性酸素が深くかかわっていることが明らかになりました。野菜や果物にはその原因となる活性酸素を消去するだけでなく、体の免疫機能の調整や解毒作用がある多数の機能性をもつフィトケミカルが含まれています。

「健康日本21」では、三二、〇〇〇人の成人を対象に食生活を分析した結果から、生活習慣病の予防のために次のような野菜と果物の摂取量目標を定めました。

野菜の摂取量の目標値　一日　三五〇グラム以上

緑黄色野菜の目標値　一日　一二〇グラム以上

果物については目標値一日二〇〇グラム以上ですが、健康日本21運動としては一日の食事で果物を食べていない成人は三〇パーセント程度であるため、二倍の六〇パーセントが毎日食べることを目標値としました。

しかし、筆者らは二五年を越える科学的成分研究、とくに丹羽のデナイザーファーズ㈱は一〇年以上に及んで二万検体を超える野菜のフィトケミカルの分析調査を行っていますが、その結果から量ではなく質であることが明らかとなってきました。同じ野菜でも健康な土壌、健康に育った野菜に含まれる機能性成分の量や抗酸化力は大きく異なるのです。もちろん旬の季節によっても機能性成分の量と抗酸化力は明らかに違ってきます。ですから同じ三五〇グラムでも、含有されている成分量と抗酸化力などは大きく異なります。質の高い多種類の野菜を、機能性が十分に生かせる適切な調理法で食べるのが、最適な生活習慣病を予防できる手段と考えています。もちろん食育もカロリー、量とバランスではなく質を重視した指導でなければならないことはいうまでもありません。

野菜は姿・形ではなく質の高い内容のあるものが大事なのです。今までの野菜の新種開発は姿・形と生産量がベースでした。消費者側にも姿・形で買い求めすぎることにも問題があります。消費者は賢くならなければいけないのです。これからは質の時代です。たとえばトマトは、栽培面から桃色系が主流でしたが、近年リコペンやビタミンCなどの含量や抗酸化力に注目されるようになりました。赤いトマトのほうがリコペン、ビタミンCの含量、そして抗酸化力も際立って高いのです。最近、さらにリコペン含量の高い加工用トマトを品種改良し生食用赤いトマト[*1]が開発され、市場にも出るようになりました。そのほかニンジンの機能性成分β-カロテン濃度の高い品種[*2]、高ケルセチンの玉ねぎの品種[*3]も市場に出てきました。

＊1　高リコペントマト：カゴメ㈱「こくみ」、タキイ種苗㈱ミニトマト「アイコ」
＊2　高β-カロテンニンジン：㈱サカタのタネ「ベータリッチ」
＊3　高ケルセチンタマネギ：タキイ種苗㈱「Dr.ケルシー」

3 野菜の機能性成分フィトケミカルと健康効果

フィトケミカルといわれるものは、もともとヒトの体には存在せず、植物が強い紫外線、毒物、そして病害虫から身を守るためにつくり出した化学成分と考えられ、その物質は一万種類を超えるとされています。近年、各種のフィトケミカルの構造的研究や動物による生理学的、薬理学的研究が進み、ヒトの健康にとって重要な働きをすることが多くわかってきました。

日常の健康維持に、ビューティエイジング、アンチエイジングで健康寿命を延伸するために必要なおもな機能性成分とその健康効果について表３・１に示しました。

表３・１　フィトケミカルの機能性と健康効果

機能性成分	機能性と健康効果
α-カロテン	動物実験で肺や肝臓，皮膚，目の組織などさまざまな部位で発がん抑制効果が認められています．抗酸化力はβ-カロテンの10倍です．
β-カロテン	ニンジン，かぼちゃ，ほうれん草などの緑黄色野菜に多く含まれ，日光紫外線による皮膚や目の網膜に影響する一重項酸素の消去に有効で，また組織の酸化ストレスを消去する抗酸化作用や免疫作用があります． ヒトの体内では小腸の粘膜中や肝臓でレチナールに分解された後，ビタミンAに約50％が変換されます．残りは肝臓や体脂肪に蓄えられ，必要に応じてビタミンAに変換されます．ビタミンAへの転換にはビタミンB_3，B_5とメチオニンや甲状腺ホルモンも必要です．亜硝酸の存在は転換の妨げになるといわれています．
β-クリプトキサンチン（β-CRP）	カロテンの仲間でみかんに多く含まれます．みかんを食べ過ぎると皮膚が黄色になるのはこのβ-クリプトキサンチンによるものです．ヒト血液中に含まれる6種類のカロテノイドのうちの一つで，果実でも温州みかんに高く含有しています．ほかにポンカン，パパイヤ，柿，赤ピーマンに多く含まれています． β-クリプトキサンチンは活性酸素の消去能や活性酸素の一つである一酸化窒素の産生を抑制するとともに，がん抑制遺伝子を活性化して皮膚がんや大腸がん，肝臓がんなどの発現抑制効果があります．血中濃度の半減期が１～２ヶ月と長く体内に蓄積され効果が長期間持続します．
リコペン	トマトやスイカの赤い色がリコペンです．ニンジンやグミ，パパイヤにも含まれています．抗酸化力が高くβ-カロテンの２倍以上あるとされています．従来の高リコペントマトは糖度が低くおいしさが足りないため加工用に使われていましたが，開発により，おいしい赤系の高リコペン生食用トマトが市場に出ています．成分的には真っ赤な赤系トマトを買うほうが良いでしょう．油と一緒，あるいは油を使った料理をするとリコペンの吸収がよくなります． 前立腺がんの予防に期待されています．

（つづく）

表３・１　フィトケミカルの機能性と健康効果

機能性成分	機能性と健康効果
ルテイン	カロテノイドのキサントフィル類に分類されていますが，ほうれん草，ケール，トウモロコシ，ブロッコリー，パセリ，セロリなどの緑黄色野菜に多く含まれ，強い抗酸化作用があります．ルテインは目の黄斑部に存在し，白内障や加齢黄斑変性のリスク低減効果が認められており，また疲れたときなどに出てくる飛蚊症にも効果があり，食べる目薬ともいわれています．
カプサンチン（辛くない）	赤い色素成分で構造的に *trans*-カプサンチンと *cis*-カプサンチンがあり，カロテノイドの一種で，赤いパプリカに多く含まれています．β-カロテンやリコペンなどとは異なり，キサントフィルに属し，その仲間にはサケの赤い色素のアスタキサンチン，みかんのだいだい色の成分のβ-クリプトキサンチンなどがあります．カプサンチンは，善玉コレステロールといわれているHDL-コレステロールの血中濃度を上昇させる作用があります．抗酸化作用が強く，β-カロテン以上，リコペンと同程度の強さをもっています．発がん抑制作用が実験で認められており，心臓病，動脈硬化症など生活習慣病の予防と，脂質合成抑制作用があることから，肥満防止にも効果があることが期待されています．
カプサイシン（辛味成分）	カロテノイド系色素で辛味成分です．体内に入ったカプサイシンは胃で吸収され，血液中で脳に運ばれ，中枢神経を刺激し副腎から分泌されるアドレナリンを活発にさせて，発汗を促進させます．それによって運動をしたときと同じように熱エネルギーが発生するので，肝臓や筋肉内のグリコーゲン分解が促進され，内臓脂肪が消費されます．また殺菌・健胃効果もあります．食欲増進，免疫機能の向上，ダイエット効果，保温効果などの効能が期待されています． 一般的には神経興奮作用，体熱産生・熱放散作用，発汗作用，減塩効果，抗酸化作用，抗菌作用など非常に多彩な作用を有することが判明しています．
ジヒドロカプサイシン（辛味成分）	構造的にカプサイシンと少々違うだけで作用は同じです．カプサイシンが多いと辛味がシャープとなり，ジヒドロカプサイシンが多いと後に尾を引く辛さになるといわれています．

ポリフェノール	お茶のカテキンやブドウやブルーベリーのアントシアン，大豆のイソフラボンのようなフラボノイド類と，コーヒーのクロロゲン酸のようなフェノール類，桜の葉の香りのクマリンなどその種類は5000種を超えるといわれています．それぞれが成分特有の機能性をもち，抗酸化や殺菌効果など多くの作用が確認されています．
アントシアニン	植物に含まれる紫色のフラボノイド系色素で，紫外線や強い太陽光から光合成を行う葉緑体を傷めないように守る役割をしています．ブドウ，ブルーベリー，赤シソ，ムラサキイモ，スイカなどがアントシアニンを多く含んでいます．活性酸素の一種であるラジカルの消去活性，いわゆる強い抗酸化作用があり，アンチエイジング作用が確認されています．そのほか肝機能改善，血圧上昇抑制，目の機能向上などの作用もあることがわかっています．ムラサキイモのアントシアニンの研究が盛んですが，血糖値低下，肝障害抑制，血圧低下などの効果もあります．
カテキン（タンニン）	緑茶，煎茶，番茶，ほうじ茶に含まれる渋味成分で，水溶性ポリフェノールの一種で，エピガロカテキン，エピカテキン，カテキンを総称してカテキンといっています．一般には「タンニン」とよばれています．血液中コレステロールの低下，虫歯予防，口臭防止，腸内環境の正常化や体脂肪を気にする人に効果が認められています．抗酸化能も高く，がんリスク低減，血圧上昇抑制，血糖上昇抑制，抗炎症なども動物実験や一部臨床試験，疫学調査などで証明されています．
ルチン	フラボノイドの一種で，ソバに多く含まれています．強力な抗酸化作用をもっています．毛細血管の強化，ビタミンCの吸収を助ける，高血圧の予防，肝細胞の修復などの効果が認められています．以前はビタミンPともよばれていましたが，体内にルチンが不足することによる疾病発現が認められないことからビタミンPは使われていません．

（つづく）

表3・1　フィトケミカルの機能性と健康効果

機能性成分	機能性と健康効果
ケルセチン	フラボノイドの一種で玉ねぎの皮に多く含まれていることで話題になっていますが，ケール，キャベツ，春菊，ブロッコリー，ほうれん草，モロヘイヤ，リンゴなどにも多く含まれています．LDL-コレステロールの酸化を防ぎ，動脈硬化の予防，血行促進に効果があるとされています．血中の抗酸化活性を増加させるなど，抗酸化力が注目されています．関節の炎症の軽減や骨密度の減少を抑制するなどの効果，また肝機能強化作用による解毒作用も期待されています．
イソフラボン	大豆や葛などマメ科植物に含まれるフラボノイドの一種で，イソフラボンとしてダイゼン，ゲニステイン，ビオカニンA，フォルモネチン，グリシテインなどがあります．女性ホルモンのエストロゲン様作用をするといわれており，そのためこの植物エストロゲンは，化学構造がエストロゲンと似ているため生体への効果と，逆に過剰摂取による生態影響が懸念され，安全性に問題があるとの指摘もあります．Ⅱ型糖尿病，高年期障害，骨の健康維持に有効性が認められています．しかし新生動物や妊娠動物の実験では生殖機能などへの影響も示唆されており，サプリメントによる過剰服用は注意が必要ですが，日常の食事で枝豆，豆腐や納豆などを喫食することでは問題ありません．
硫黄化合物 アリシン（硫化アリル） アホエン	硫化アリルの一種で玉ねぎやにんにく，長ねぎ，シャロット，ニラ，ラッキョウなどに含まれる硫黄化合物の刺激性香気成分で辛味もあります．にんにくなどを切ったり，つぶしたりすると細胞が壊れアリイナーゼという酵素が働き，無臭のアイリンが刺激臭の強いアリシンに変わりますが，不安定な化合物なので，100 ℃以下の熱で加熱すると，さらに分解されアホエンになります．アリシンは強力な殺菌効果と抗酸化作用があります．アリシンはビタミン B_1 の吸収を助け疲労回復に効果があります．また解毒作用もあります．アホエンは抗菌作用，抗炎症作用，また抗血栓効果や動脈予防効果が確認され，アンチエイジングが期待できます．
イソシアナート	硫黄化合物の一種で，大根をおろしたときの刺激性辛味やワサビの刺激性香気のもととなる成分です．殺菌作用，食欲増進効果などが確認されています．

メチオニン	含硫アミノ酸でヒトの体内でつくり出せない必須アミノ酸です．脂質代謝に関与し肝機能の維持に大事な役目をしています．野菜ではほうれん草，にんにく，グリンピース，枝豆，インゲン豆に，また果物などにも多く含まれています．
オルニチン	お酒の飲み過ぎに「しじみ汁」が良いとされますが，これはシジミにオルニチンが豊富に含まれており　肝臓の機能回復を助けるからです．アンモニアの体内濃度が高くならないように肝臓での尿素生成を行うオルニチン回路で尿素に変えて排出，解毒してくれます．オルニチンは遊離アミノ酸の一つで，天然ではシジミ，キハダマグロ，チーズなどに多く含まれていますが，最近，枝豆にもあることが見つかりました．
ポリアミン	老化に伴う組織変化の進行を抑制して抗加齢効果を高めるとして関心が高まっています．アミノ基が二つ以上結合した脂肪族炭化水素の総称で，微生物からヒトまで，あらゆる生体中に含まれ，細胞分裂やタンパク質合成に関与しています．ヒトの生体にはスペルミン，スペルミジン，プトレシンなどのポリアミンがありますが，加齢とともに減少します．食品では大豆，納豆，豆腐，キノコ類，トウモロコシ，ピーマン，オレンジ，鶏肉（肝臓），サケの白子，チーズ，ヨーグルトなどは高ポリアミンです．
グルタチオン	グルタミン酸，システイン，グリシンの三つのアミノ酸からなるトリペプチドです．ヒトをはじめ動植物の組織に広く存在し，体内でも合成されています．体内のグルタチオンは，チオールを有する生体物質の中で細胞内に豊富に存在し，酸化還元反応に関与し酸化ストレスを解消する抗酸化物質です．しかし，加齢とともに体内のグルタチオンは減少して行きます．また肝臓の解毒機構に関与して強い解毒作用をもっています．老化の原因である過酸化脂質の抑制効果も期待されています．

（つづく）

表３・１　フィトケミカルの機能性と健康効果

機能性成分	機能性と健康効果
クロロフィル	植物や海藻の葉緑素（クロロフィル）で，太陽エネルギーを吸収する役割を担っており，二酸化炭素と水から炭酸同化作用（光合成）により炭水化物を生成し，酸素を出す働きの要です．クロロフィルの含有量の高い野菜はほうれん草，小松菜，ニラ，パセリ，ブロッコリーで，海藻のワカメや焼き海苔にも高い濃度で含まれています．クロロフィルは体内で血液浄化，体臭・口臭の除去，殺菌作用が認められています．また小腸，大腸の付着・沈殿物の解毒効果が期待されています．
GABA （γ-アミノ酪酸）	脳内でアミノ酸のグルタミンからグルタミン酸を経て GABA が合成され脳内神経伝達物質として心を安定・平穏にする働きをしますが，野菜・果物に含有されている GABA は血液脳関門を通過することはできませんので直接脳内神経伝達物質として作用しません．血圧調整作用による高血圧予防などの生理作用があると報告されています．野菜ではなす，トマト，ジャガイモ，かぼちゃ，かぶ，シイタケなどに含まれていますが，発芽米やなすなどのぬか漬け，キムチなどの発酵食品に多く含まれています．果物ではブドウに多く含有しています．
ビオチン	日本食品標準成分表 2010 改訂版において新たに収載されたもので，哺乳類では生合成できない必須の水溶性ビタミンです．腸内細菌によっても少量合成されますが，絶対量として足りません．ビオチンは皮膚炎予防因子として発見されました．幼児のアトピー性皮膚炎などに効果があるとの報告もあります．また，皮膚や粘膜の栄養機能性があるとして機能性栄養食品としても用いられています．ビオチンは野菜類，小麦などの多くの穀類に数 μg/100 g 程度含まれていますが多くはありません．また通常の食事ではビオチンが欠乏することはありませんが，生卵白を長期間にわたって多量摂取すると，卵白の糖タンパク質が強く結合して欠乏症が起こります．

ビタミンC （アスコルビン酸）	水溶性ビタミンの一種で，ヒトの生体では合成されないため，必要量を野菜や果物などの食事で摂取することが必要です．植物では光合成により生成されるブドウ糖からウロン酸サイクルを経てビタミンCが合成されます．赤ピーマン，芽キャベツ，ブロッコリー，菜の花，レモン，青ピーマン，ゴーヤ（にがうり）など多くの種類の野菜，果物に含まれています． ビタミンCは，壊血病の予防因子として発見されました．消化管で吸収された後，血中に送られます．血球中の好中球は酸化されたデヒドロアスコルビン酸を細胞内に取り込み，アスコルビン酸に再還元しています．ビタミンCは脳下垂体，副腎，前房水に多く含みます．体内のコラーゲンや種々の生体物質の合成や分解を，またビタミンEの再生にもかかわります．脳内神経伝達物質であるドーパミンからノルアドレナリンへの代謝にもかかわっています．ビタミンCは白血球の働きを助け免疫力を高めます．ビタミンCの不足は体が疲れてぼんやりする，目が疲れやすい，歯みがきで出血する歯肉炎，全身倦怠感，食欲不振などの症状などが出てきます．しかし，日本人のほとんどは食事摂取基準の必要量を満たしておりますが，喫煙者，飲酒の多い人はビタミンCが不足がちになりますので注意が必要です． ビタミンCは強い還元能力をもち，スーパーオキシド（O_2^-），ヒドロキシラジカル（・OH），過酸化水素（H_2O_2）などの活性酸素類を消去する強い抗酸化力をもっています．またビタミンEは，ビタミンCと相乗的に抗酸化作用を示します．
葉　酸	ほうれん草の抽出物から発見され，体内の細胞の増殖に不可欠な必須物質でB群ビタミンの一種です．葉酸含量（プテロイルグルタミン酸相当量）の多い野菜では枝豆（日本食品標準成分表2010　生320 μg/100 g，ゆで260 μg/100 g），あさつき（生210 μg/100 g，ゆで200 μg/100 g），アスパラガス（生190 μg/100 g，ゆで180 μg/100 g）でほうれん草，ブロッコリー，オクラなども生で100 μg/100 gを超えています． 食品中の葉酸（プテロイルグルタミン酸）の多くがポリグルタミン酸型で，消化管の酵素によって消化され，モノグルタミン酸型となった後，小腸の上皮細胞から吸収されます．肝臓に全身の約50%の葉酸が蓄積されています．葉酸欠乏は細胞増殖の盛んな組織，骨髄，消化管粘膜毛母細胞などに影響が大きいとされています．また不足するとホモシステインが血中に蓄積して，動脈硬化の危険因子となります．骨髄の血球生産が低下し，貧血を起こします．

（つづく）

表3・1　フィトケミカルの機能性と健康効果

機能性成分	機能性と健康効果
葉　酸（つづき）	そのほか葉酸は，脳内で脳神経伝達物質のセロトニンがL-トリプトファンから，L-チロシン，L-ドーパがL-フェニルアラニンからつくられる過程で，触媒的な働きをする重要なビタミンです．新生児の無脳症と二分脊髄の奇形は，妊婦の葉酸欠乏がそのリスクとなっていることが明らかになっています．また胎児の発育障害，記憶障害（物忘れ），大腸，肺，子宮頸部，乳房がんのリスクが高まるとともに，動脈硬化や心臓疾患にも影響するとされています．葉酸は男女ともに1日の摂取量は240 μg程度必要としています．とくに妊婦や育ち盛りの子どもは摂取不足に気をつけなければなりません． 厚生労働省は胎児の神経管閉鎖障害の発症と再発を防止するために，妊娠の1ヶ月以上前から妊娠3ヶ月まで通常の食事以外に400 μg/日サプリメントを利用して摂取するよう推奨していますが，推奨量以上の摂取，とくに妊娠4ヶ月以降は摂取に注意するようよびかけています．過剰になると発熱やじんましんなどが起こり，生まれる子どももぜんそくになるリスクがあります．過剰摂取には要注意です．
ビタミン B_1（チアミン）	チアミンともよばれる水溶性ビタミンです．1910年，鈴木梅太郎博士によって米ぬかから抽出，脚気予防因子として発見されました．小麦胚芽，ごま，落花生，国産大豆，えんどう（乾燥）などにはとくに多く含まれています．動物性では豚肉やウナギなどにも多く含まれています． 摂取したビタミン B_1 は，小腸から吸収され，補酵素として利用されます．利用された後は，尿中やふん中に排せつされます． 糖質の多い食品やアルコールを多量に摂取したときに，ビタミン B_1 の消費が多くなり，不足がちになってしまいます．細胞のエネルギーが不足し，だるい，疲れやすい，無気力症状が現れ，また糖質をおもなエネルギー源としている神経や脳に影響が現れ，疲労感，注意力散漫，物忘れ，息切れ症状が出てきます．ピルビン酸，乳酸が蓄積し神経伝達機能が低下すると手足のしびれなど種々の症状が現れます．

ビタミン B_6	水溶性ビタミンで，ピリドキシン，ピリドキサール，ピリドキサミンの３種類があり，相互に転換でき，それぞれリン酸化タイプが存在し，ピリドキサール-5′-リン酸，ピリドキサミン-5′-リン酸が体内で働く主要なタイプです．これらの総称がビタミン B_6 です．ビタミン B_6 は小腸で吸収された後，肝臓に運ばれます．おもな役割は，タンパク質，脂質，炭水化物の代謝の補酵素，神経伝達物質の生理活性アミンの代謝の補酵素，ホルモン調節因子として働いています．にんにくにもっとも多く含まれ（ピリドキシン相当量として 1.5 mg/100 g），玄米，ごま，落花生，大豆など穀類，豆類に多いです．ピスタチオやヒマワリの種子は，にんにくに近い含有量です． ビタミン B_6 が不足するとタンパク質合成が低下し疲れやすく，食欲不振，抗体が減少，感染症を起こしやすくなります．また，ビタミン B_6 は脳の神経伝達物質のセロトニン，ドーパミン，GABA（γ-アミノ酪酸）をつくるために不可欠な重要なビタミンです．
ナイアシン	ニコチン酸とニコチン酸アミドの総称で糖質，脂質，タンパク質の代謝に関与する水溶性ビタミンで中性，酸性，アルカリ性，酸素，光，熱に安定です．発見当初はビタミン B_3 ともいわれてましたが，現在は使用されていません．生体でも必須アミノ酸のトリプトファンから生合成されます．マグロ，カツオやサバなどの魚類，肉類では焼き豚，鶏ささみ，植物ではキノコ類のヒラタケ，エリンギ，ホンシメジ，落花生に多く含まれています．動物性食品中ではニコチン酸アミドとして，植物性食品中ではニコチン酸として存在し，いずれも小腸ですみやかに吸収されます．ニコチン酸は肝臓に取り込まれた後，ニコチン酸アミドに変換され，各組織に移行します． 体内で酸化還元酵素として働くとされていますが，皮膚や粘膜の健康維持，血行改善を助けます．また，ナイアシンは脳の神経伝達物質であるドーパミンやセロトニン，L-グルタミン酸などがアミノ酸からつくられる過程で必要不可欠なビタミンです． 日本人の通常の食生活では不足になることはありませんが，ビタミン B_6 が欠乏している人，抗結核剤のイソニアジドを服用している人，ハートナップ病，トリプトファン尿症などの人に不足が多くみられます．またアルコール依存症の人にも不足がみられます．

（つづく）

表3・1　フィトケミカルの機能性と健康効果

機能性成分	機能性と健康効果
ビタミンK	緑黄色野菜や納豆，緑茶に多く含まれる脂溶性ビタミンです．ビタミンKの供給源は二つあります．緑黄色野菜，海藻類，緑茶，植物油に含まれるビタミンK_1（フィロキノン）と，納豆菌で産生されるメナキノン-7と動物食品に存在するメナキノン-4のビタミンK_2の2種類があります．ビタミンK_2（メナキノン）は腸内細菌でも合成されます．体内で必要とする量の大半は腸内細菌でつくられます．食物からの摂取量は約20％程度です．出血時の血液凝固作用があり，術後や新生児の出血予防使われます．骨の形成に，また骨折のリスクを減らし，骨粗しょう症の予防に役立ちます． 緑茶，シソ葉やほうれん草に比較的多く含まれますが，納豆類にも多く含有しています．通常の食生活では不足になることはありません．

II

野菜の健康力とは

4

野菜の選び方、食べ方で健康寿命が延ばせる

野菜の健康力とは何でしょうか。

野菜と聞けばまず、健康的というイメージがあります。次に、季節を感じる、旬、おいしい、といった感覚を満足させる力があります。そして実際に、体の調子を良くする、病気を予防する、さらには健康を増進するという力があります。この三つ目が、野菜の健康力です。

一九八〇年代から、野菜や果物のなかに隠されていたさまざまな働き＝野菜の健康力が、科学的根拠に裏づけられて、明らかになってきました。図4・1は、さまざまな野菜を三つの力、抗酸化力、免疫力、解毒力で分けたものです。

抗酸化力

抗酸化力という言葉をご存じでしょうか。文字どおりの意味は「酸化を抑える力」ですが、ここで問題になる酸化は、私たち人間の体をつくっている細胞の酸化です。

私たちは空気を吸って生きています。この空気には約二一パーセントの酸素が含まれています。呼吸して体のなかに入った酸素は、私たちが食べたものをエネルギーに変えるときに必要で、生きていくうえでなくてはならないものですが、体内に入ると、その約二パーセントが「活性酸素」という酸素に変化します。

「活性酸素」というと、活発に働く良い酸素のような感じがします。確かに、活性酸素の働きには、体内に入ってきたウイルスを退治して体を守ってくれるという良い面もあります。しかし活性酸素は、食べ過ぎや、ストレ

図4・1　機能性と代表的な野菜・果実

ス、タバコなどが原因で増え過ぎると、細胞を傷つけ、老化や、動脈硬化など生活習慣病のもととなってしまいます。

この増え過ぎた「活性酸素」を無害な「酸素」に変える力が「抗酸化力」で、太陽のもとで育つ野菜や果物がもっている「フィトケミカル」がその働きをしています。

太陽の紫外線には強い力があり、この紫外線を浴びて育つ野菜は、紫外線から自分を守るために、「フィトケミカル」とよばれる抗酸化成分をつくり出します。よく知られているものでは、ブルーベリーや赤ワインのアントシアニン、ニンジンやかぼちゃのカロテン、トマトのリコペン、緑茶のカテキンなどでしょう。いまわかってい

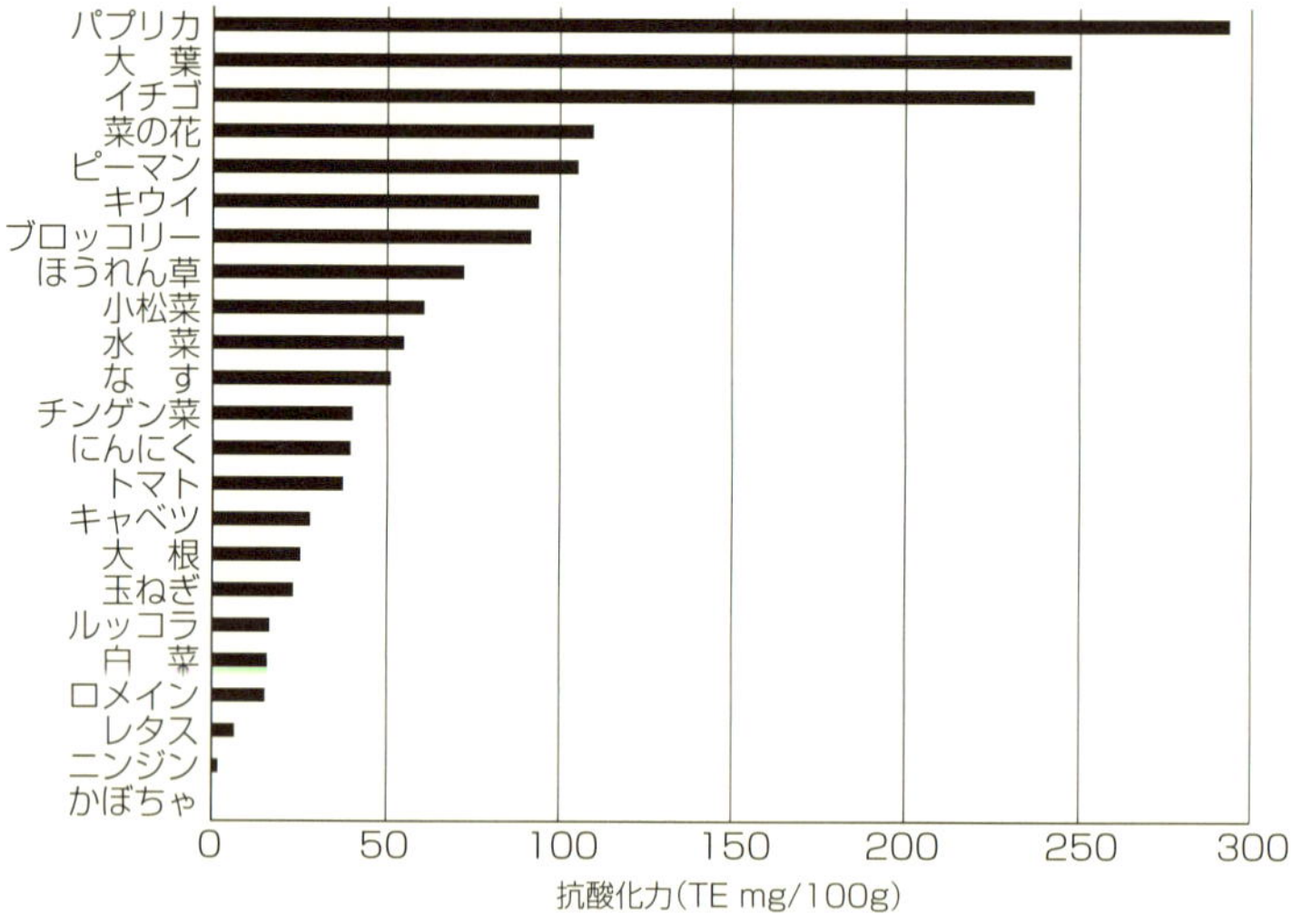

図 4・2　野菜の抗酸化力（DPPH 法）
TE：trolox equivalent（当量）

るだけでも数百種類のフィトケミカルがあります。

図4・2は、デザイナーフーズ㈱がこれまで分析してきた、約二万検体以上の野菜のチカラをまとめたもので、さまざまな野菜の抗酸化力を示しています。これを見ると、赤、オレンジ、黄色、紫、緑など、色鮮やかな野菜が多いことに気づくのではないでしょうか。野菜の色は野菜のチカラの表れともいえるのです。

免疫力

野菜がもつ二つ目の健康力は免疫力です。体の異常を察知し、自分の意思が働かなくても知らぬ間に治す力です。たとえば熱、鼻水、吹き出物……。病気のときに現れるこうした症状は、体の異常と戦って治している免疫の働きなのです。免疫は、体内の異物を識別し、攻撃します。外から入ってきた菌の感染を防ぐ、体内で発生した病気やがんに対抗するなど、免疫が働いてくれるおかげで、私たちは健康な毎日を送ることができるといっていいでしょう。

人間の免疫の中心的役割を担っているのは、血液の中の白血球です。白血球にはリンパ球と顆粒球があり、約六〇パーセントが顆粒球、三五パーセントがリンパ球です。リンパ球は異物を識別する働き、顆粒球は「貪食《どんしょく》細胞」ともよばれ、異物をパクパクと食べてしまう働きがありま

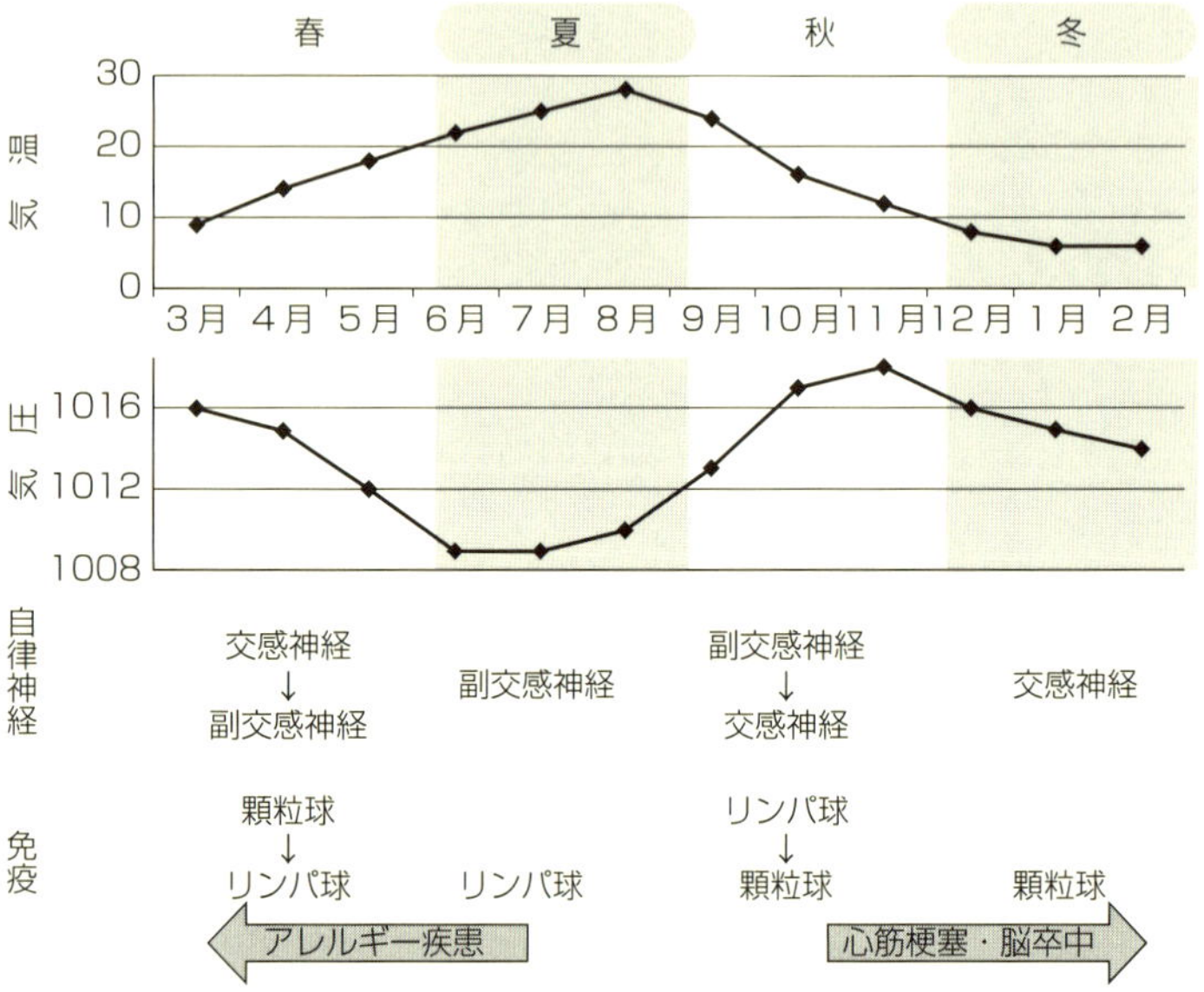

図 4・3　四季と免疫

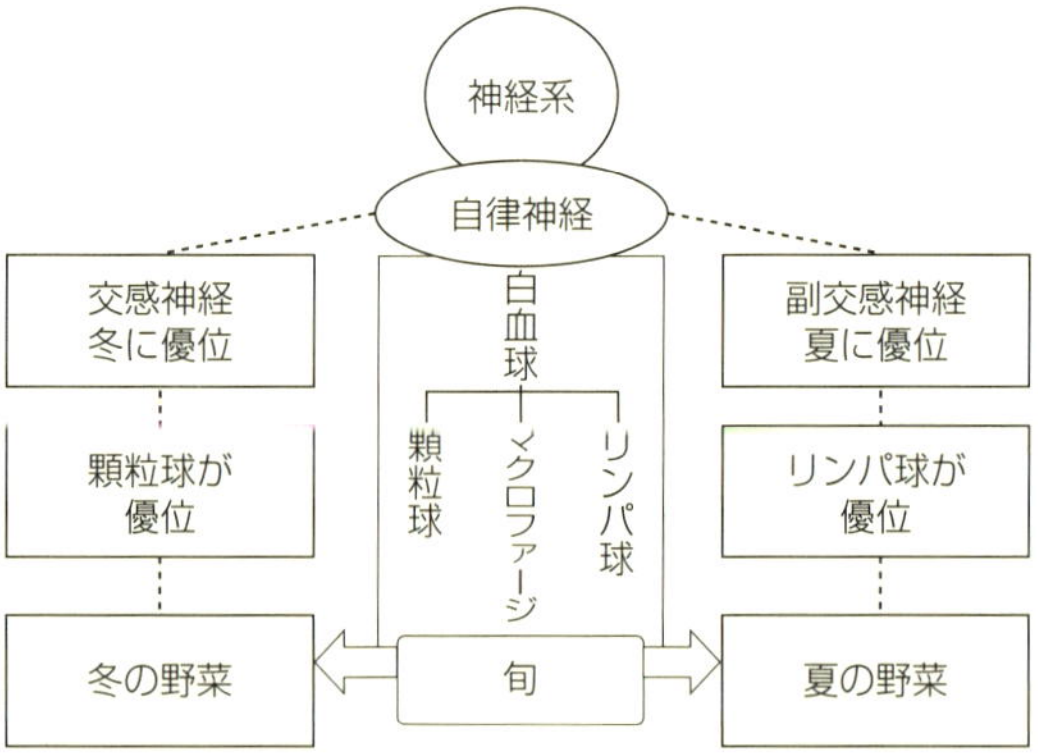

図 4・4　気象や季節によって変化する免疫

す。顆粒球とリンパ球の割合は季節や気象によって変動し、私たちの体調や神経の状態は、この割合に影響されるので、非常に大事です（図4・3、図4・4）。

免疫に大きな影響を与えるシステムとして、自律神経についてお話ししましょう。自律神経とは、私たちの意志に関係なく自動的に働く神経のことで、交感神経と副交感神経から成り立っています。交感神経と副交感神経はバランスをとりながら働いており、私たちが活動したり、緊張しているときは交感神経が優位に、リラックスしているときには副交感神経が優位になっています。自律神経は白血球の数や働きに関係しており、身心がリラックスし副交感神経が優位になるとリンパ球が増え、ストレスがかかり交感神経が優位になると顆粒球が増えます。大切なのはそのバランスです。どちらかに偏らないようにすることが免疫力を高めることにつながります。

自然の状態では、冬に顆粒球が多くなり、夏にリンパ球が多くなります。ところが、冬に夏の野菜を食べ続けるとリンパ球が増えやすくなり、夏に冬の野菜を多く食べると顆粒球が増えやすくなってしまいます。顆粒球とリンパ球の割合をコントロールするのは食物なのです。冬には冬の野菜、夏には夏の野菜というように、季節にあった旬の野菜を食べて、本来の免疫力を発揮させていただきたいものです。

二〇〇五年頃、帝京大学の山崎正利教授が研究されていた方法で、免疫力の測定をしてみました。図4・5は、さまざまな野菜の「抗酸化力」と「免疫力」を示しています。左側のグラフが

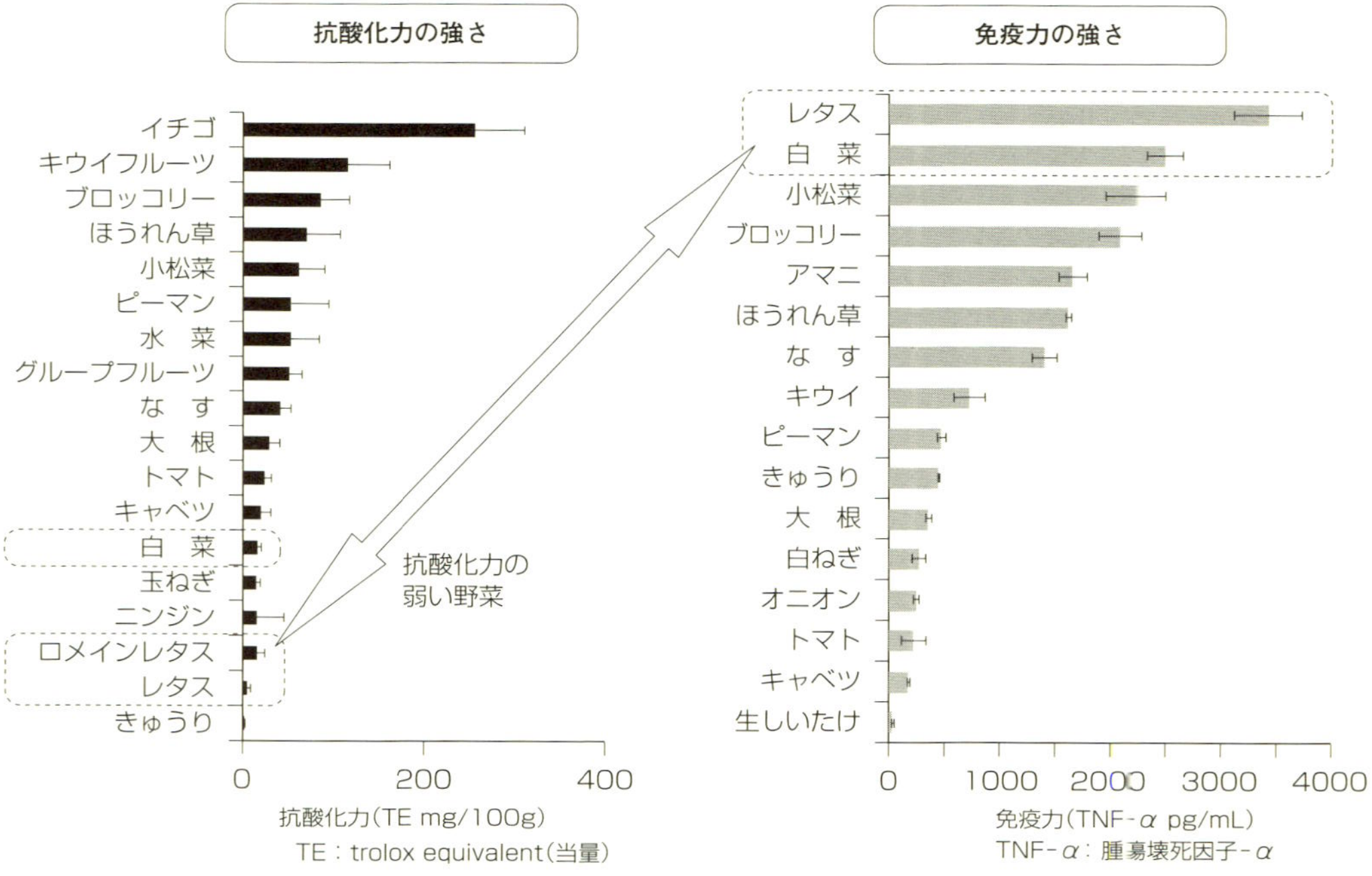

図 4・5　抗酸化力と免疫力

抗酸化力、右側が免疫力です。両方を比較すると、抗酸化力のトップであるイチゴは免疫力のグラフには現れず、二位のキウイフルーツは免疫力の低いところにあります。逆に、免疫力のトップであるレタスや白菜は、抗酸化力のグラフでは低いところにあるのです。つまり、抗酸化力の強い野菜は概して免疫力が弱く、免疫力が強い野菜は概して抗酸化力が弱い傾向がある、ということになります。

野菜にはそれぞれに抗酸化力、免疫力、解毒力など、さまざまな力があります。その分析・研究を積み重ねた結果、どの野菜にも健康に対して何らかのよい働きがあり、役割が異なることがわかってきました。

人間の免疫力には、生まれたときから備わっている「自然免疫」と、後天的にいろいろな抗原に感染することで身につく「獲得免疫」があります。かつて学校給食で起きたＯ１５７の集団感染事件でも、ふだん外で遊んでいる子どもには症状が出ないか、軽かったといいます。戸外でさまざまな菌に出合っている子どもは、免疫力が強かったわけです。

いま私たちは、免疫力と野菜を育てる土壌、とくにその中の微生物とのかかわりを明らかにしたいと考え、野菜の免疫力を判断する分析方法の開発に研究を進めています。

解毒力

野菜の健康力の三つ目が解毒力です。解毒力は、体の中から要らないものを排出する力をいいます。

この要らないもの（毒性物質）には、よくいわれる水銀、鉛、アルミニウム、ヒ素、ダイオキシン、アセトアルデヒドなどのほかにもいろいろあり、私たちが吸っている空気や食べている食品にも含まれており、生活のなかで自然に体内に取り込んでしまいます。このとき解毒するしくみが働いて、体に入った毒性物質を第一相酵素によって変化させ、さらに第二相酵素によって、分解・水溶化、尿や汗、便となって体の外へ排出するわけです（図４・６）。

この解毒するしくみがきちんと働かないと、さまざまな病気の危険性が高まります。たとえば、アレ

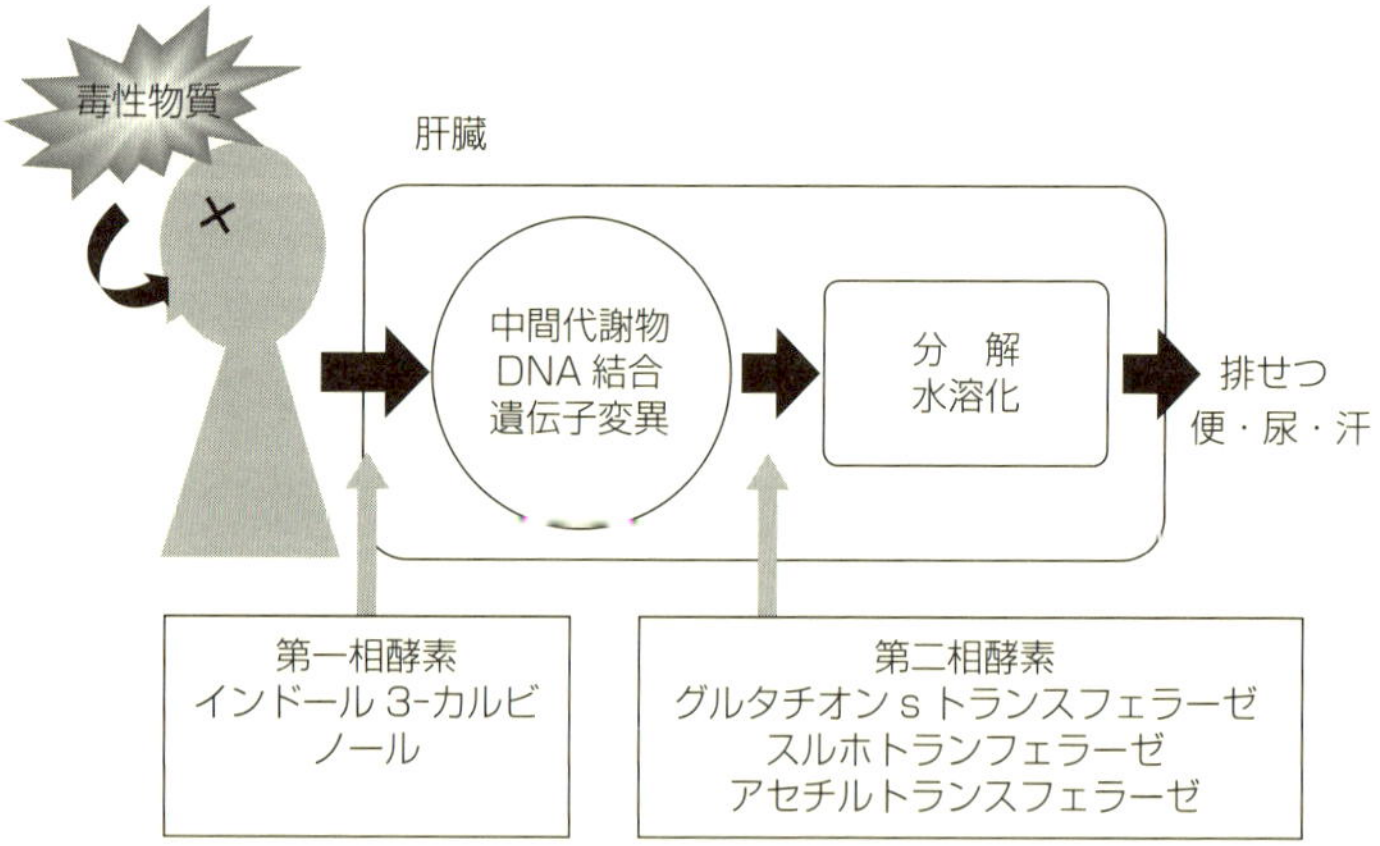

図４・６　毒性物質の代謝

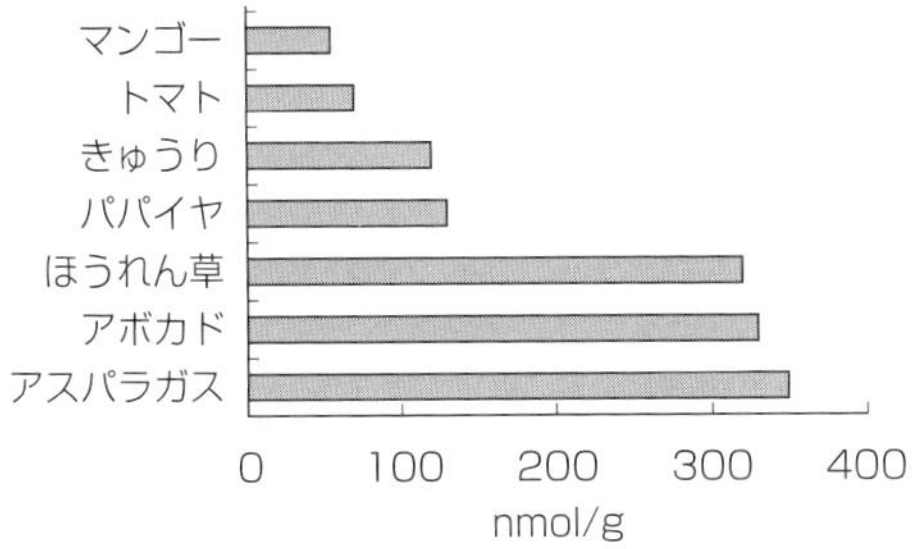

図4・7 肝臓を元気にするグルタチオン
[O. Demirkol, C. Adams, N. Ercal, *J. Agric. Food Chem.*, 52 (26), 8151(2004)]

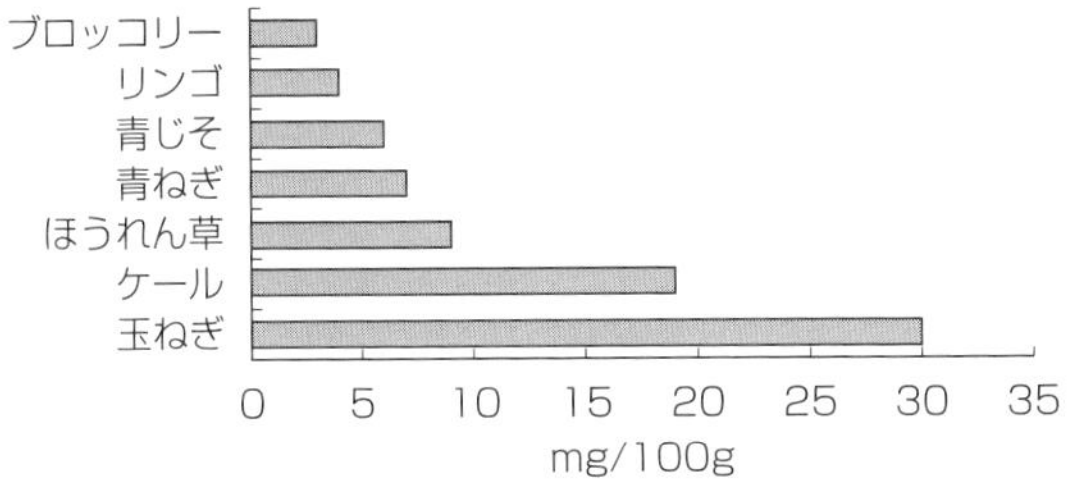

図4・8 毒を捕まえるケルセチン
[リンゴは農業・生物系特定産業研究機構，その他は大阪大学医学部田中教授]

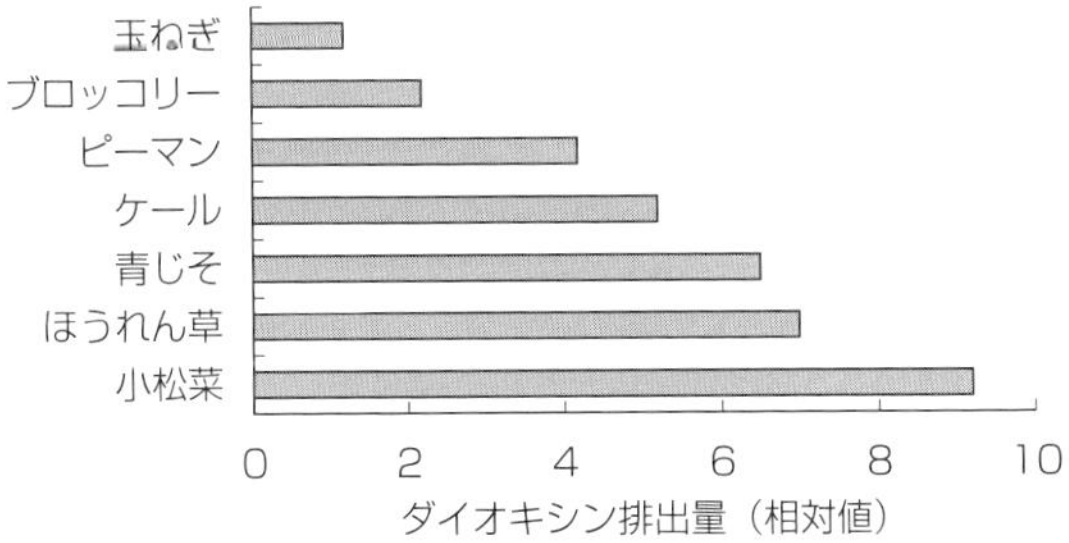

図4・9 クロロフィルが解毒
[福岡県保健環境研究所，森田邦正専門研究員]

ルギー、肝臓障害、腎臓障害、呼吸器の炎症、末梢神経障害、ホルモン異常、がんなどです。そこで、解毒力を上げる野菜が注目されています。

毒性物質を尿や汗に変えて体の外へ排出するとき、重要な働きをするのが肝臓です。肝臓を元気にしてくれる成分、グルタチオンは、大根、キャベツ、ブロッコリー、白菜、かぶ、チンゲン菜など、アブラナ科の野菜や、アスパラガス、アボカド、パパイア、きゅうり、トマトなどに含まれています（図4・7）。こうした野菜を、季節にあわせて摂ることが解毒力アップにつながります。

ネギ科の野菜のピリッと辛い味、ツンと鼻にくるにおい、切ると涙が出る成分は硫黄化合物です。体のなかで、毒性物質を水溶化して、排出する働きがあります。

また、食物繊維は便秘を改善し、要らないものを排出してくれる重要な栄養素です。野菜全般、雑穀、豆などに含まれています。

アンチエイジング、ビューティーエイジング

日本人の平均寿命は八三歳、健康で自分のことが自分でできる寿命（健康寿命）は七六歳ですから、この差が寝込んでいる期間になり、日本の医療費を増大させている要因といえます。昭和

二〇年代に比べ三〇余年も寿命が延び、私たちは年を重ねても老化をしないことが望まれています。

近年の研究で、健康を損ない、老化にも関係している重大な物質は活性酸素であることがわかってきました。人間の健康や老化に関係する活性酸素には三種類あります。人間が呼吸しているだけで発生する「スーパーオキシド」、これが変化した「ヒドロキシラジカル」、そして紫外線を浴びると発生する「一重項酸素」です。こうした活性酸素に対抗して体を守るのが、抗酸化物質です。

私たちの体には、もともと抗酸化酵素をつくる力が備わっていますが、四〇歳を過ぎるころから体のなかでつくる力が弱くなってしまいます。そうすると、がんなどの病気にかかりやすくなり、老化が進んでいくわけです。そこで、いつまでも健康で若々しくいるためには、抗酸化力のある野菜と食品を食べて、野菜の抗酸化成分＝フィトケミカルを、摂取することが必要になります。

美しい肌を保つためになくてはならないのも、抗酸化力です。とくに、皮膚に紫外線があたると一重項酸素を発生し、コラーゲンやエラスチンを破壊するため、肌のトラブルのもとになります。太陽から降り注ぐ紫外線は日差しの割には五月頃から強くなり、七月から八月がピークで、一〇月ごろまでは要注意ですが、この時期が旬の野菜や果物には、一重項酸素を消す力の強いものが多くあります。とくに色の濃い野菜を積極的に摂ることをおすすめします。

毎日の食生活のなかで野菜の健康力をより効果的に取り入れるために、血糖値を急激に上げない食事の仕方を紹介しましょう。それは「ベジ・ファースト」*と私たちがよんでいる食べ方です。食事のときに最初に食べるのは食物繊維の多い野菜、次に肉や魚のタンパク質、最後にご飯類の炭水化物というように、最初に野菜を食べる食事の仕方をいいます。とくに、五〇歳を過ぎるころからホルモンのバランスがくずれ、皮下脂肪、内臓脂肪をためやすくなってきます。食べる順番に気をつけ血糖値の急激な上昇を防ぎたいものです。

ただし血糖値の高くない方には、昔からの日本のマナー、一汁三菜を「わたりばし」をしないで食事することをおすすめします。おかずとご飯を交互に食べて、おかずを続けて食べない食事作法は、健康という面からも理にかなった日本の良い食文化です。

理想的な献立は、雑穀をまぜたご飯と、旬の魚と野菜を主にした主菜、副菜。雑穀ご飯と脂肪を摂りすぎないおかずを中心とした食事は、私たちに健康を約束してくれます。

＊「ベジ・ファースト」は、デザイナーフーズ㈱商標登録です。

5

野菜のビタミンCとその働き

ビタミンCは、強い抗酸化力をもつ非常に重要なビタミンですが、野菜と果物以外の食品からはほとんど摂ることができません。

抗酸化力とは、私たち人間の体の細胞を傷つける活性酸素の働きを抑え、老化や動脈硬化などの予防が期待される力のことをいいます。その力が強いビタミンCは、「抗酸化ビタミン」ともよばれています。

私たちデリカフーズグループの東京、大阪、名古屋、横浜、兵庫と、デザイナーフーズ㈱は毎日入荷してくる野菜と果物を分析してきました。一年間に二〇〇〇検体の測定を、一〇年近く続けています。

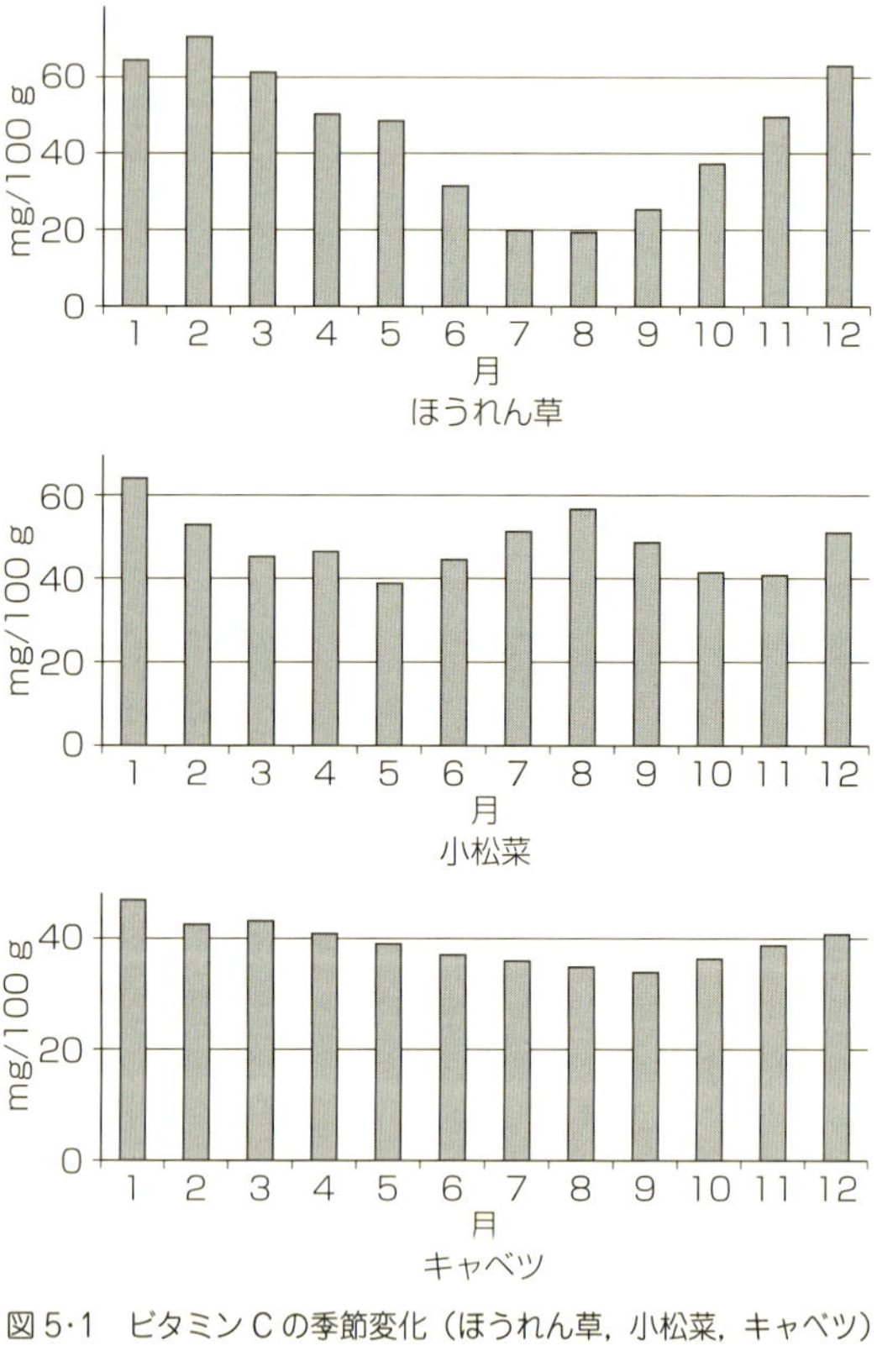

図 5·1　ビタミン C の季節変化（ほうれん草，小松菜，キャベツ）

青果売り場には、一年中いろいろな野菜が並んでいます。なかでも、日本人の食生活にとって重要な野菜の多くは品種改良され、四季を通じて食卓にのせることができるようになってきました。どの時期の野菜も、大きく美しく立派な姿をしています。では、見た目ではなく、中身は……と、年間を通して見てみると、野菜に含まれるビタミンCの量は一年中同じではないこと、とくに旬の時期に多く含まれることが、明らかになってきました（図5・1）。

いちばんわかりやすいデータの一つが、ほうれん草です。もともと、ほうれん草の旬は冬ですが、いまは育種と栽培技術の発達のおかげで、ほとんど一年中出回っています。図5・1は、それを毎日測定したデータです。図を見ると、ビタミンCが多いのは一二月から二月までの寒い時期、少ないのは七月から九月までの暑い時期です。旬と季節はずれでは、はっきりと違いが出ています。

ほかの野菜は、ほうれん草ほど時期による違いが鮮明ではありませんが、小松菜に含まれるビタミンCは、やはり本来の旬である冬に多いことがわかります。また、キャベツの場合は、冬と春にビタミンC含量のピークがあります。キャベツは出荷時期によって冬キャベツ、春キャベツ、夏秋キャベツに分けられ産地が異なるからです。冬のほうが比較的ビタミンCが多いです。

栽培方法とビタミンCの濃度変化

野菜のつくり方には「露地栽培」「施設栽培」「養液栽培」「水耕」「土耕」「植物工場」など、いくつかの方法があります。

私たちデザイナーフーズ㈱は、栽培方法により野菜のチカラがどのように異なるかについても分析してきました。なかでも明らかに違いが出るのは、「露地栽培」と「水耕・植物工場」との差です。

ここで、簡単に栽培方法についておさらいしておきましょう（図5・2）。

［露地栽培］自然の気象条件のもとで栽培する方法で、日照、降雨、風、霜などの自然の影響を直接受ける。

［水耕栽培］施設の中で、露地栽培などの土の代わりに水を用い、野菜の生長に必要な栄養を、液体の肥料として与えて育てる方法。

［植物工場］施設の中で、光、温度、湿度、二酸化炭素濃度、養分、水分など、野菜が生長する環境をコントロールして育てる方法で、一年中、計画的に生産できる。

図５・２　露地栽培(a)，ハウス栽培(b)，水耕栽培(c)，植物工場(d)

クレソン、大葉、バジルは家庭菜園の定番です。家庭では露地でつくられますが、青果売り場に並んでいるものは、水耕栽培が一般的です。そこで、この三つについて、露地と水耕ではビタミンＣ含量がどう違うか、比較してみました（図５・３）。

露地でつくったクレソンのビタミンＣ含量は、水耕の約一〇倍、食品成分表に出ている値の四倍近く、露地の大葉は水耕の三倍強、食品成分表値の約二・五倍、露地のバジルは水耕と食品成分表値の約二・五倍と、いずれも露地栽培が群を抜いていることがわかります。また、食品成分表の調査対象となったものには水耕栽培が含まれていたのではないかと思います。

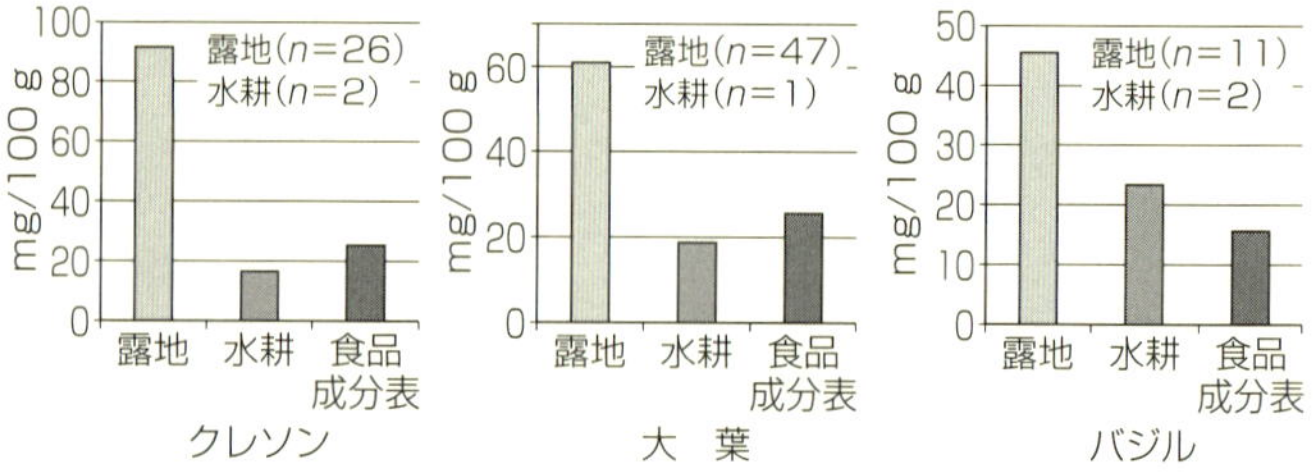

図5・3　露地栽培と水耕栽培の比較（ビタミンC）

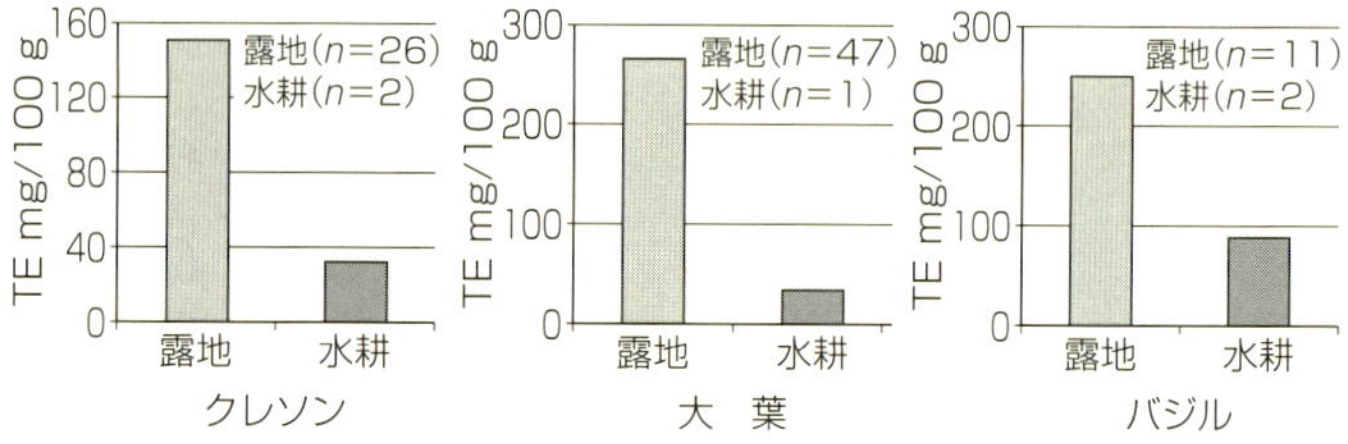

図5・4　露地栽培と水耕栽培の比較（抗酸化力，DPPH法）

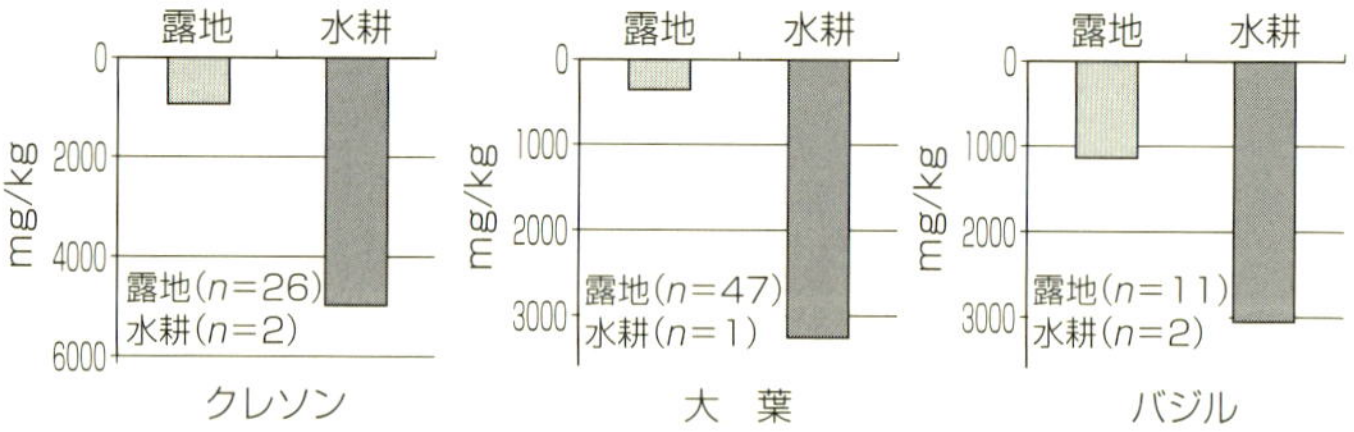

図5・5　露地栽培と水耕栽培の比較（硝酸イオン）

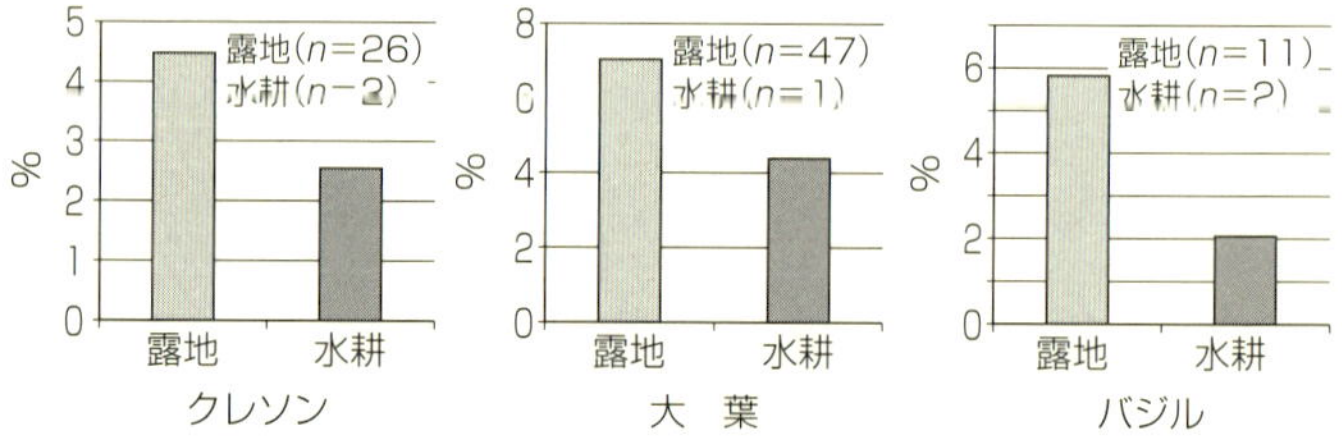

図5・6　露地栽培と水耕栽培の比較（糖度）

6

調理で抗酸化力はどう変化するか

最近は、サラダなど、野菜を生で食べることも多くなりましたが、もともと日本では、野菜は基本的に加熱調理して食べました。そこで、野菜の抗酸化力の測定は、生だけでなく加熱した状態で行う必要があります。それぞれの野菜は、どのように加熱したら、おいしく、体に良い状態になるのか、ということをお話ししましょう。

加熱方法による抗酸化力の違い

●ねぎ

ねぎの抗酸化力を測った図6・1を見てみましょう。これは、長ねぎを、「生」「フライパンで油を使わずに焼いたもの」「電子レンジ」「ゆでる」という四つの状態で比べたものです。測り方は、DPPHという方法（86ページ参照）を用いました。

「生」で測った抗酸化力を一〇〇とすると、「焼いた」ものは二五〇パーセント、「電子レンジ」にかけると一五〇パーセントくらい、「ゆでる」と生より少し落ちています。このように、野菜は加熱方法によって抗酸化力が違うのです。

ねぎでもっとも抗酸化力が低かったのはゆでるという方法ですが、これは、煮るとねぎのいいところが水のほうに出てしまっているのではないかと考えられます。こういう場合はスープとして一緒に摂るといいでしょう。

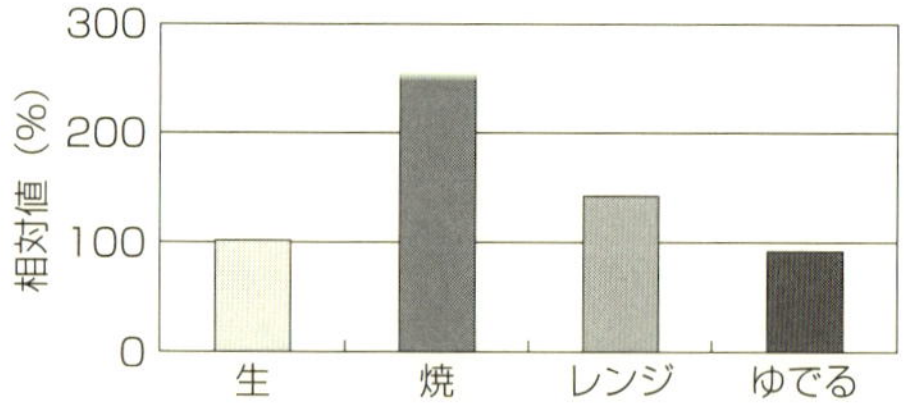

図6·1　ねぎの加熱による抗酸化力の比較（DPPH法）

また野菜のチカラを測定するときは、必ず食べて味を確かめます。野菜は素材としてのチカラ、そして食物ですから消費拡大からもおいしさは重要です。

ねぎの分析で特筆すべきなのは、油を使わずに焼いたとき中がトロッとしとてもおいしいのですが、抗酸化力は生のときの二・五倍あることです。

私たちは、ねぎだけでなくさまざまな野菜を何度も調べました。その結果、おいしい加熱方法は野菜のチカラを発揮させる、という確信を得ています。

● レンコン

図6・2はレンコンの抗酸化力をDPPH法（86ページ参照）で測ったものです。「生」「煮る」「炒め煮」という三つの調理法で比べてみました。炒め煮というのは一度油で炒めてから煮る方法で、昔からのきんぴらのつくり方です。

「生」のレンコンの抗酸化力を一〇〇とすると、「煮る」と約五分の三に減り、「炒め煮」は一・二倍に増え、「煮る」と「炒め煮」を比べると二倍近く違います。

最近はいろいろな調味用のたれが登場し、きんぴら用にカットした

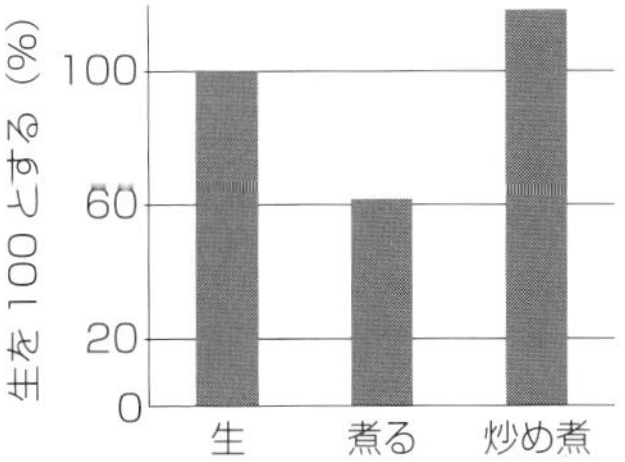

図6・2 レンコンの調理方法（DPPH法）

野菜をたれで煮るだけでもつくれますが、「煮る」だけでつくったきんぴらと「炒め煮」したきんぴらでは、チカラが違う、ということになります。きんぴらには「炒める」というプロセスが重要です。昔から伝わってきた方法は、おいしくて抗酸化力の高い料理をつくることができる、といって良いでしょう。

● 菜の花

三つの方法で菜の花の抗酸化力を測り、五つのデータを出しました（図6・3）。このとき、菜の花はゆでながら順次取り出していきました。沸騰したお湯に入れてから一〇秒後、二〇秒後……と一〇秒ごとに適量を取り出して氷水で冷やし、水分を摂ります。一分まで六回、六つの試料をつくりました。一分経過した後は一分ごとに四分まで三回、三つの試料を同様につくりました。こうして計九つの試料をつくり、それぞれの活性酸素種を消すチカラを測るとともに、すべてを食べて食味を比

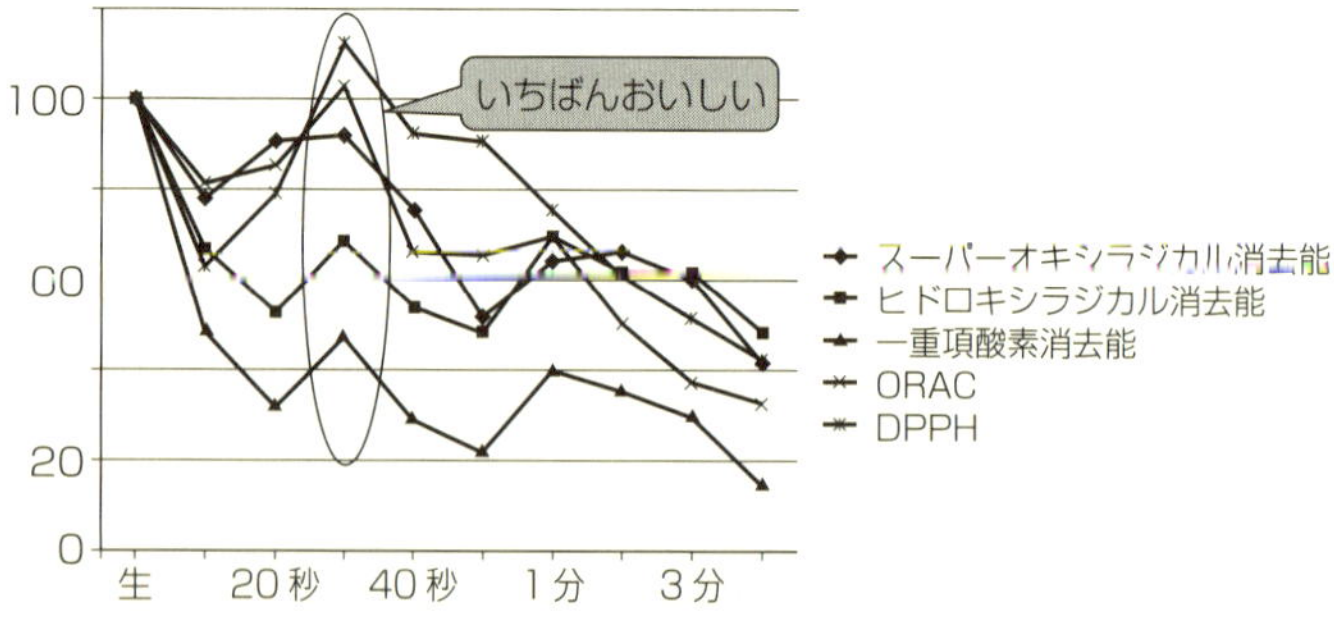

図6・3　調理時間と抗酸化力とおいしさの関係

較しました。

図6・3の五本の線は、それぞれ異なる意味をもつ抗酸化力を表しています（線の意味については10章参照）。いずれの抗酸化力も生の状態を一〇〇とし、一〇秒ゆでたものから四分ゆでたものまでを折れ線グラフにしました。すると、興味深いことに、五本の線はすべてゆで時間三〇秒のところでピークになります。つまり、どの測定方法をとっても、このときに抗酸化力が高いわけです。

食べ比べてみると、やはり三〇秒のときが色もよくいちばんおいしい状態で、おいしいとき＝チカラがあるときという仮説は、菜の花でも正しいことが示されました。

過熱調理と抗酸化力

「過熱」調理という言葉を見て、「加熱」の間違いではないかと思う方もいるかもしれませんが、「過ぎたる熱」と書く「過熱」は、私たちが提唱している調理方法です。まず、この「過熱」調理について少し説明しましょう。

野菜に含まれる成分はほとんどが水分です。野菜をゆでたり、蒸したりすると、水分とともに多くの栄養素が流れ出てしまいます。そこで、栄養素を逃がさず、うま味を残す方法として考えられたのが、「過熱」調理なのです。

ふつう野菜を「蒸す」というのは、飽和した蒸気で熱を加えることですが、「過熱」では、この蒸気から水分を抜いた状態で野菜に熱を加えます。温度はだいたい一五〇℃前後です。野菜をこの過熱蒸気に通すと、水分は少し飛び、うま味が凝縮された状態になります。

では、「過熱」すると、野菜の抗酸化力はどうなるのでしょうか。「生」と比べた場合が図6・4です。

●「生」の状態で測った抗酸化力を一〇〇とし、「過熱」した野菜を評価

・高いもの・・ブロッコリー、ニンジン、サツマイモ、キャベツ、もやし、小松菜、ジャガイモ

・同じくらい・・ほうれん草

・低いもの・・サトイモ、アスパラガス、赤パプリカ、長ねぎ、大根

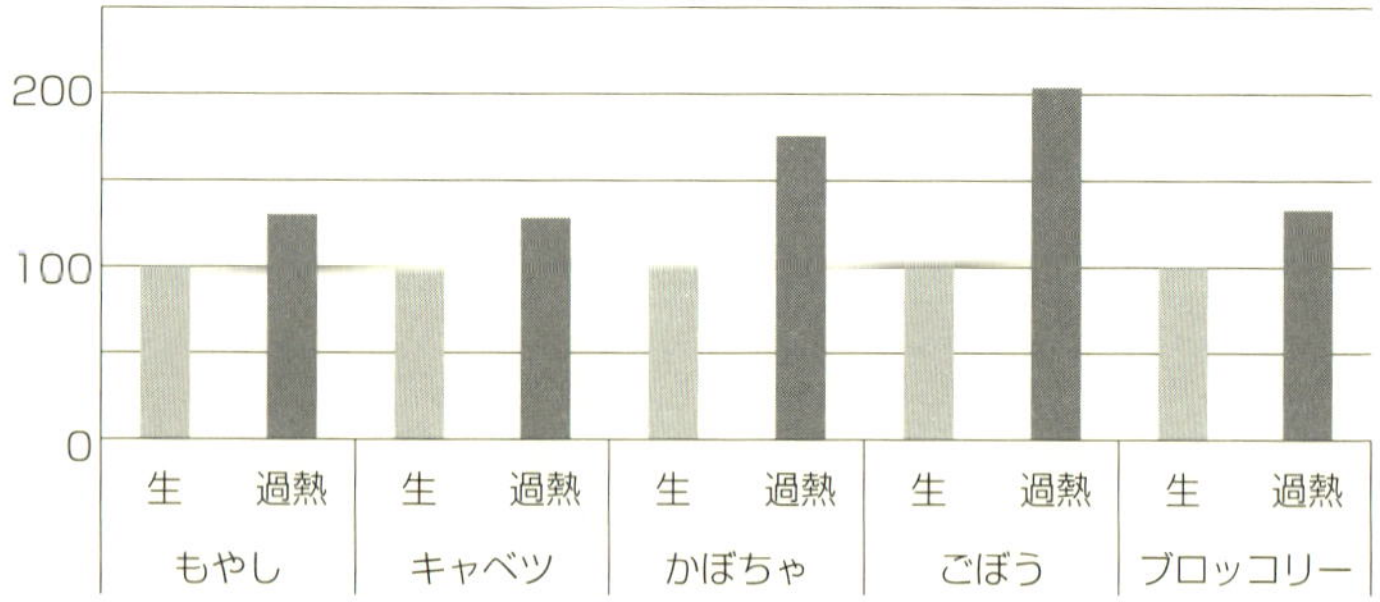

図6・4　過熱調理をすることによる抗酸化力の変化（ORAC法）

●「ゆで」の状態で測った抗酸化力を一〇〇とし、「過熱」した野菜を評価

・高いもの・・もやし、ブロッコリー、小松菜、サツマイモ、キャベツ、サトイモ、長ねぎ、もやし

・同じくらい・・ほうれん草、アスパラガス、赤パプリカ、ジャガイモ

・低いもの・・ニンジン、大根

「過熱」した野菜の抗酸化力は、「生」と比べると、高い野菜もありますが、同じくらいの野菜や低い野菜もあります。図6・5は生・ゆでる・過熱の三様の調理の違いによる抗酸化力を比較したものです。ただし、「ゆで」と比べて低い「過熱」野菜はなく、高いか、同じくらいの抗酸化力をもっています。

キノコ類やイモ類は、もともと生ではあま

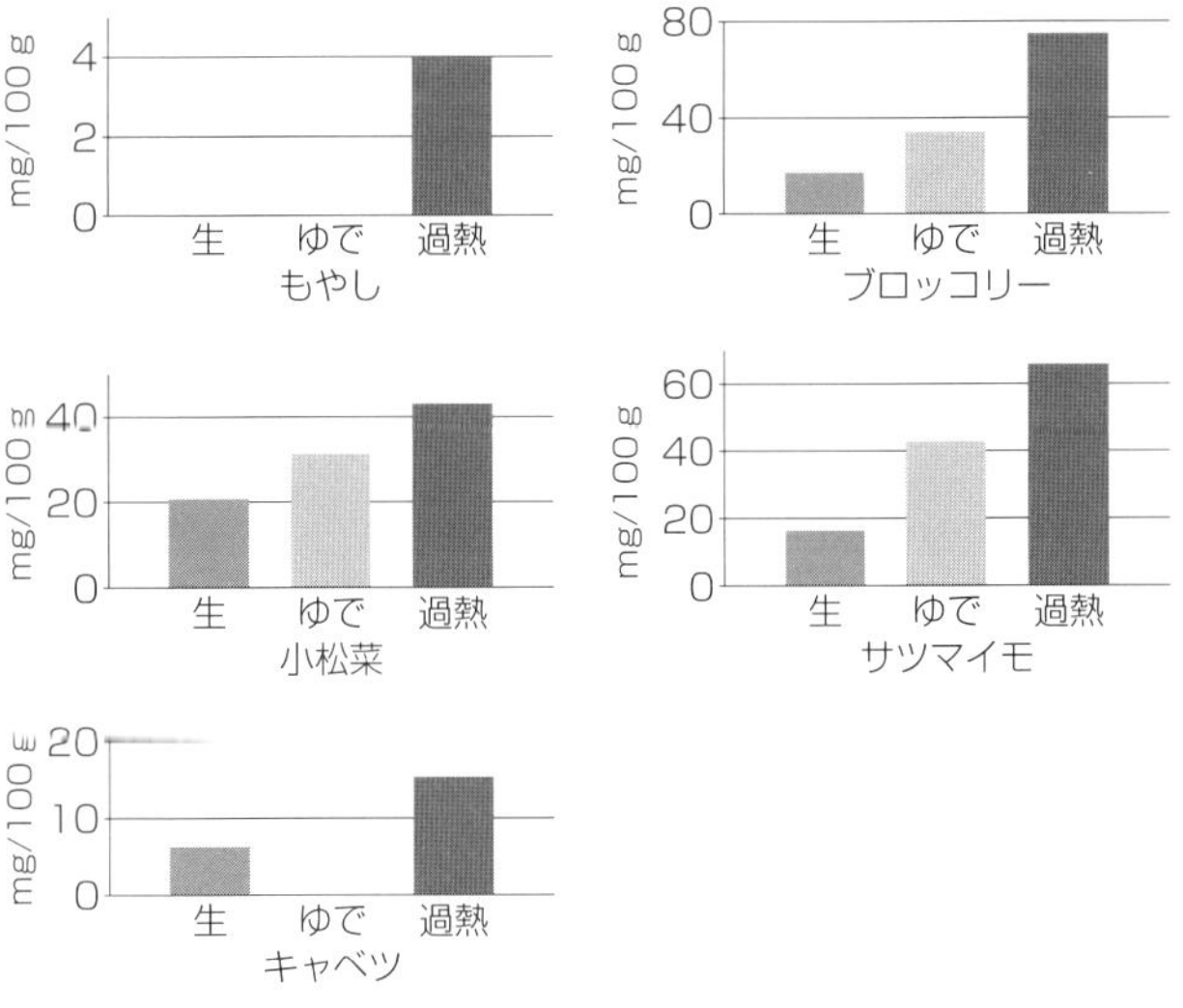

図6・5 生・ゆでる・過熱の調理の違いによる抗酸化力の比較（DPPH 法）

り食べません。調理するのであれば、ゆでるよりも過熱調理のほうが、抗酸化力が発揮できる良い方法といえるでしょう。

また、生よりも過熱調理したほうがたくさん食べられるので、生と比較して同じくらいか低かった野菜でも、「ゆで」よりもチカラのある状態で、生よりも多く摂ることができます。

7

体の抗酸化力、免疫力を高める食事メニューとジュース

野菜一日 三五〇グラムは難しい？

厚生労働省が二〇〇一年から推進している「健康日本21」では、一〇年後の成人一日の野菜摂取目標を三五〇グラムとしていますが、二〇〇七年に発表された中間報告によると、日本人が実際に食べている野菜の量は、この運動が始まった当時の二九二グラムから二六七グラムへと一割近くも減ってしまいました。今後、この傾向は逆転するでしょうか。国が号令して国民の食生活を変える難しさを感じます。

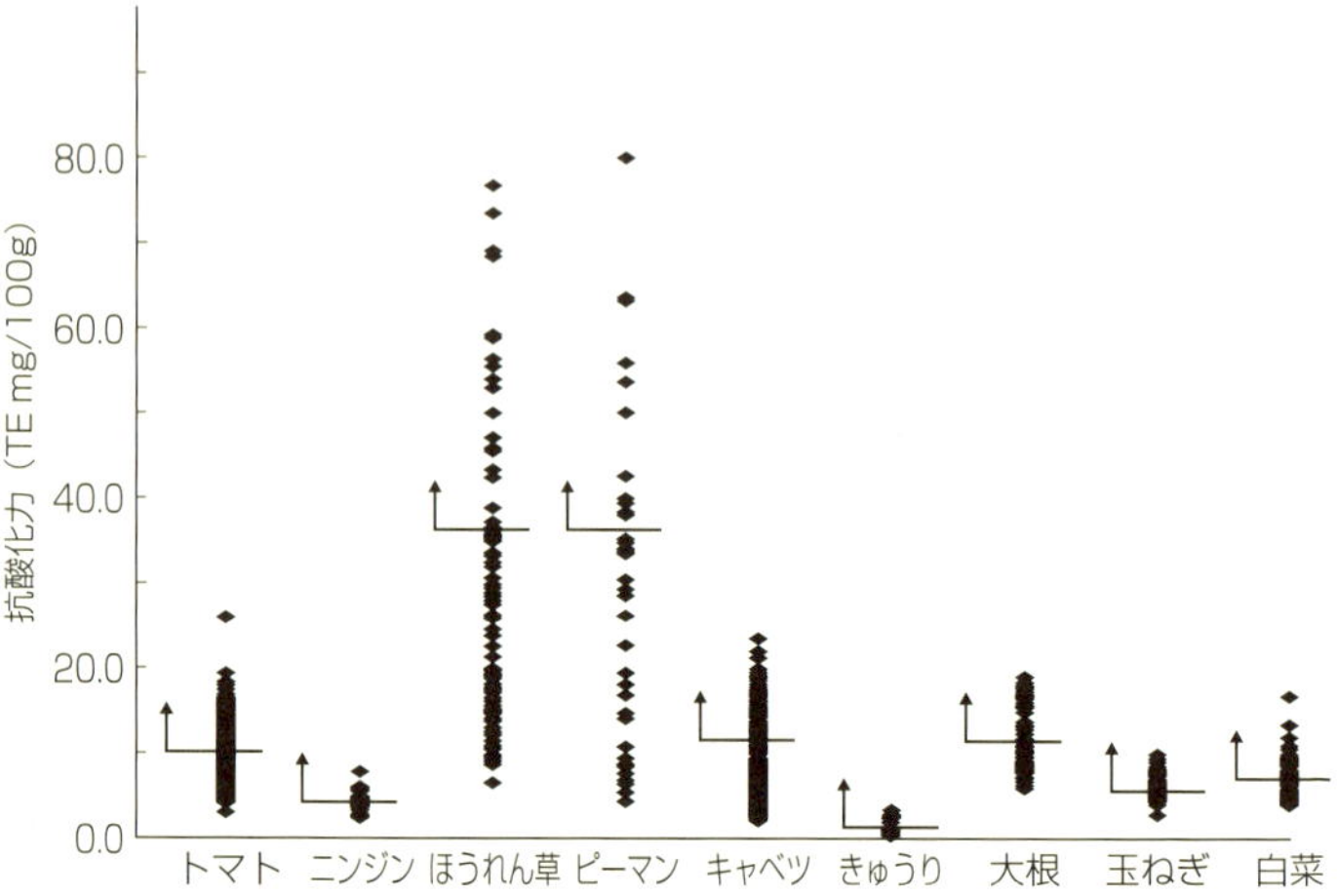

図7・1　主要野菜の抗酸化力（DPPH法）

表7.1　野菜の「量」ではなく「中身＝質」を食べる

	平均的な野菜	高抗酸化力野菜
1日350g摂取	約4000ユニット	5200ユニット
1日270g摂取	約3000ユニット	約4000ユニット

発想を転換してみてはどうでしょう。一日の目標を三五〇グラムという野菜の重さで考えるのではなく、三五〇グラム分の野菜の健康力＝抗酸化力を摂ろう、ということです。

図7・1は、主要野菜の抗酸化力を一年間測り、プロットしたものです。ピーマンやほうれん草のように縦に長く伸びているものもあれば、きゅうりのように短いものもあります。これは、測った野菜の抗酸化力のばらつきを表しており、矢印のついた線より上は、抗酸化力が強いことを示しています。同じ圃場から収穫された野菜

でも抗酸化力の違いがあります。また、季節による違いが出ることもあります。同じ重量の野菜を食べても、線より上と下とでは、摂取できる抗酸化力が違う、ということになるわけです。

抗酸化力の単位は、現段階ではまだ確定されていません。そこで、単位という意の「ユニット」で表してお話しします。平均的な野菜三五〇グラムには約四〇〇〇ユニットの抗酸化力があるとします。この四〇〇〇ユニットという数字は、抗酸化力の高い野菜なら二七〇グラムで摂ることができるのです。「健康日本21」の中間報告で、野菜摂取の実態として報告された量は二六七グラムですから、二七〇グラムは無理ではありません。いまこそ野菜は、量ではなく質で摂るという考え方に転換する必要があるのではないでしょうか。それは、野菜を重さや外見だけではなく、中身の健康力＝抗酸化力という質で評価することにもつながります（表7・1）。

抗酸化力の高い野菜は、値段も少し高くても食べる価値があります。健康力のある野菜を高く評価することによって、土づくりからしっかり農業生産に取り組んでいる方たちが農業技術を継承していくことを応援することにもなります。

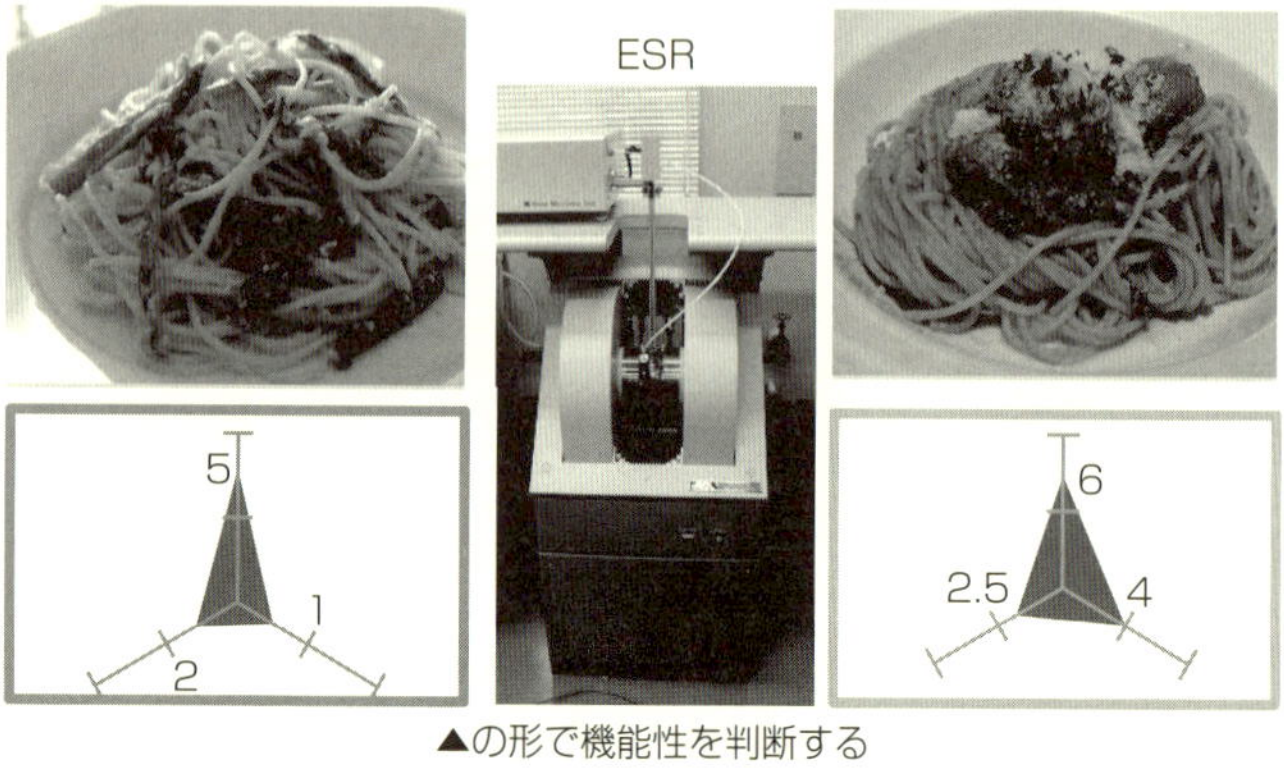

図7・2　メニューに抗酸化力を表示（アスパラ（左），トマト（右））

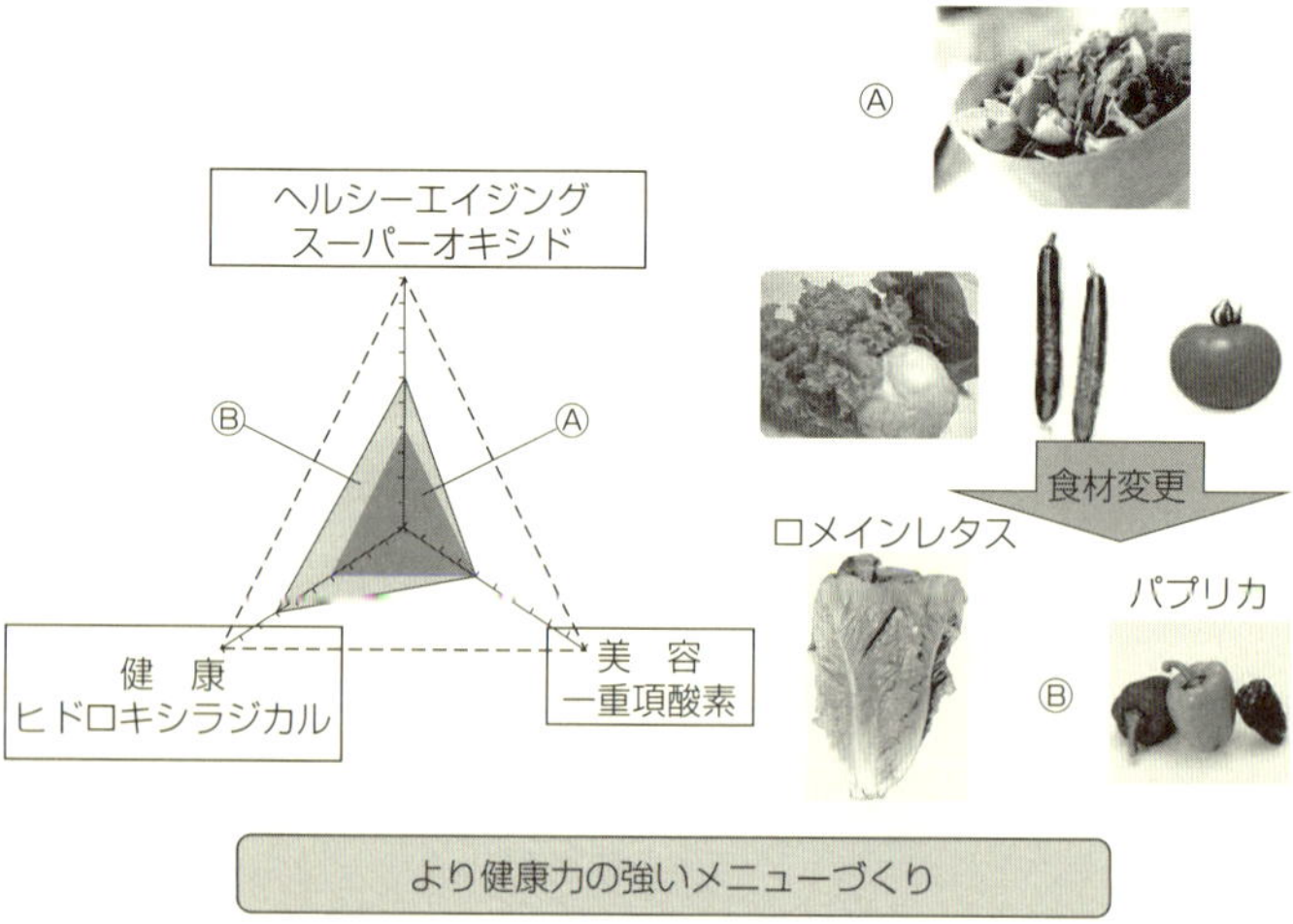

図7・3　食材の組み合わせ

体の抗酸化力、免疫力を高める食事メニュー

素材として野菜そのものがもつ抗酸化力から発展させ、それを加工する段階での調理方法と抗酸化力との関係について、さらに食べるという視点から抗酸化力、免疫力を考えてみましょう。

米国ではすでに一部の加工食品に抗酸化力を表示して販売しています。日本でも、野菜に表示しようという動きが始まっています。この領域で私たちデザイナーフーズ㈱には膨大な量のデータがあり、野菜そのものだけでなく、単品のメニュー、食事として考えたときの抗酸化力についても分析しています。

単品メニューや食事メニューの抗酸化力は、図7・2のような三角形の面積でその強さを示し、三角形の形で抗酸化力の特徴を示すことができます。この三角形は、電子スピン共鳴装置（ESR、詳しくは88ページ）を使って測ったデータです。

図7・2は、この方法でメニュー単位の抗酸化力を出したパスタの例です。右は煮込んだトマトソースのパスタ（トマト味）、左はアスパラガスのパスタ（塩味）ですが、右のほうが三つの頂点すべてで数値が高く、したがって面積も広くなっており、トマトソースのパスタのほうが強い抗酸化力をもつことを示しています。

さらにそれぞれの三角形の形は、抗酸化力の特徴を表しています。どちらも上のほうへ伸びていますが、これはスーパーオキシドを消去する力が強いことを示します。また、トマトソースのパスタは右の頂点もかなり長く、これは一重項酸素を消去する力が強いことを示します。

メニューにはいくつかの素材が使われます。その素材がもつ抗酸化力の強さがわかれば、組み合わせを変えることによって、より健康力の強いメニューをつくることが可能になります（図7・3）。たとえばレタス、きゅうり、トマトを使ったサラダ（中心の正三角形Ⓐ）に、ロメインレタスとパプリカを加える（Ⓑ）とスーパーオキシドとヒドロキシラジカルを消去する力を高くして、面積の広い三角形になり、より抗酸化力の強いサラダをつくることができるということです。

ジュースの実験からわかったこと

免疫の中心的な役割をになう白血球。そのなかの顆粒球とリンパ球の割合は、季節や気象によって変動します。この顆粒球とリンパ球の増減に、食はどのような影響があるのでしょうか。免疫と食の関係を調べるために、デザイナーフーズ㈱が行った実験についてお話しします。

実験は、三月に、レタス、キャベツ、リンゴ、レモンという、冬の食材を生の状態でミックス

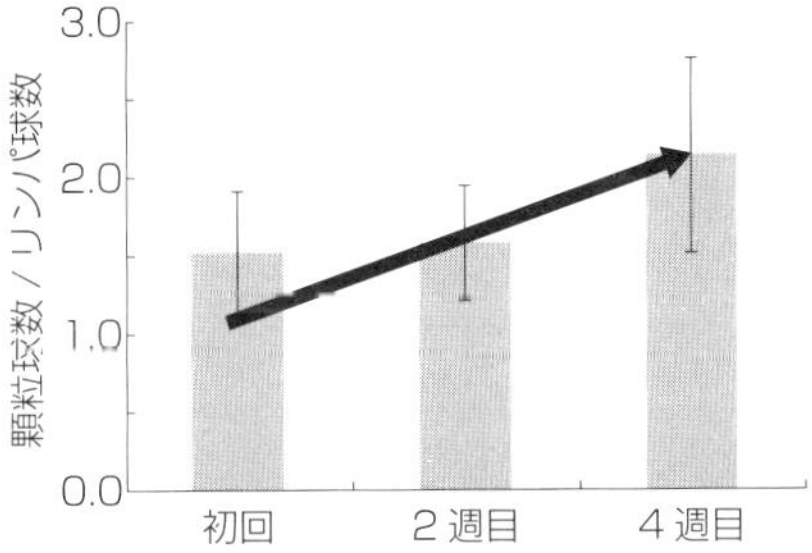

図 7・4　顆粒球とリンパ球の結果
ジュース試飲後，顆粒球が有意に増加.

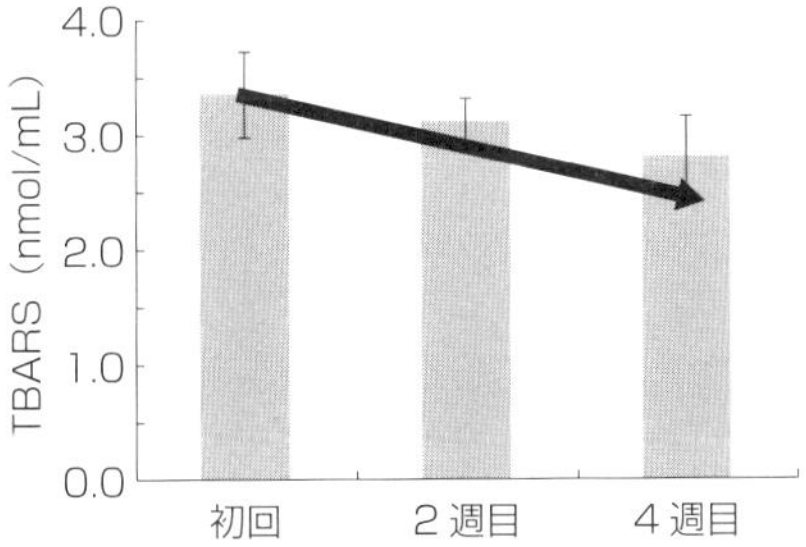

図 7・5　野菜ジュースと過酸化脂質
ジュース試飲後，過酸化脂質の減少
⇨ DNA 損傷防止.
TBARS：チオバルビツール酸反応物質.

したジュースを毎日二〇〇cc、四週間飲み続けるというものです。実験前に採血して、顆粒球とリンパ球の割合を調べ、二週間後、四週間後と見ていきました（図7・4）。

冬の顆粒球とリンパ球の割合は、一対一・七が理想です。実験の四週間後には、顆粒球とリンパ球の割合は一対一・五〜二・〇。増減の最大最小では、一対一〜二・五の幅で増えていました。

これは、季節の野菜を食べることによって顆粒球とリンパ球のバランスがとれるということ、そこに冬には冬の野菜を食べる意味があることを示しています。とすると、トマト、きゅうり、ナスなどの果菜類を一年中食べることは、少し問題なのではないか。夏に、ホウレン草などの冬の野菜を食べることは、顆粒球とリンパ球のバランスをくずすのではないか、ということが考えられます。

図7・5は、野菜ジュースを飲み続けることによって、血液中の過酸化脂質がどう変化するかをみたもので、二週目、四週目と着実に減っていることがわかります。私たちの細胞膜は脂質でできていますから、過酸化脂質が減少しているということは、細胞膜を酸化させない効果があるということです。それはＤＮＡの損傷を防ぎ、がん予防につながるといっていいでしょう。

8

健康に良い野菜は硝酸濃度が少なく抗酸化力が高い

デザイナーフーズ㈱は、フードサービス業で使う野菜を供給する青果物の販売物流会社、デリカフーズグループの研究部門です。東京・大阪・名古屋のデリカフーズの分析担当者は毎日入荷してくる野菜の主要品目の分析をしており、日本中の生産地の野菜のデータがあります。分析は、ビタミンC、糖度、硝酸イオン、抗酸化力（DPPH法）の四項目について行い、野菜のデータベースを作成しました。このデータをもとに契約栽培の野菜の機能性の価値判断をしています。

図8・1は、約四年間通して分析したデータから作成したものです。これをみると、一～三月に抗酸化力、糖度が高く、硝酸イオンは低いということが、ビタミンCは年間を通して、それほ

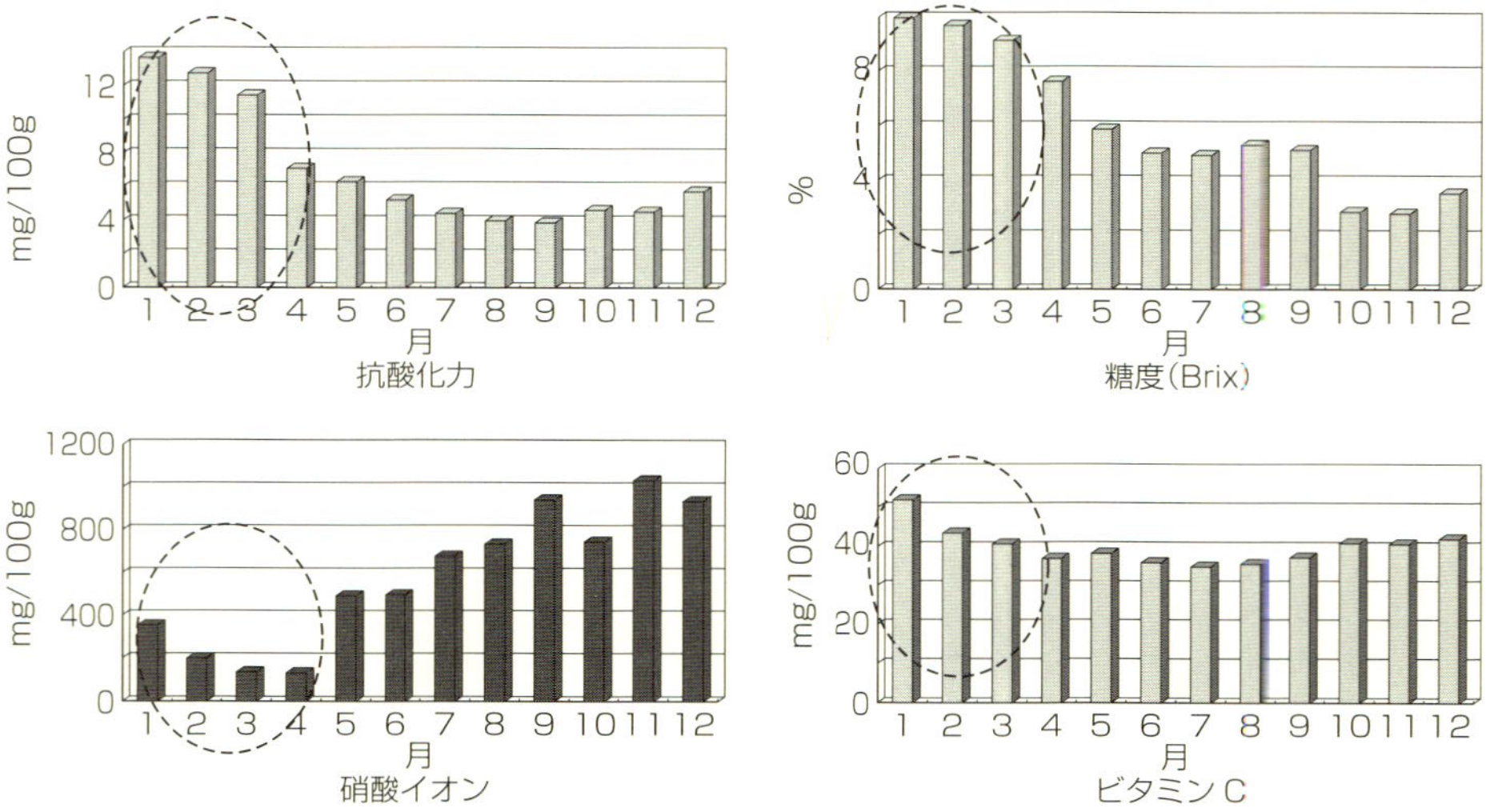

図8・1　旬のときは抗酸化力が高い（キャベツ，2006～2009年，$n = 741$）

ど変わらないということがわかります。

硝酸イオンの測定は、お客さまから、硝酸イオンの少ない野菜を提供してほしいという要望があり、一九九八年頃から始めたのですが、簡単に測れる方法でもあり、毎日の出荷前の分析項目にしています。

硝酸イオンについて少しお話しすると、一〇年ほど前に東京都の衛生研究所による野菜の硝酸イオン分析がニュースになりました。それまで、日本ではあまり問題にされていなかった物質ですから、突然の動きに生産者はとまどいましたし、何も知らされてなかった消費者の不安をあおることになりかねません。そこで、私たちは、根菜類、葉菜類、果菜類……と、ありとあらゆる野菜の硝酸イオンを測定することにしたのです。その結果、わかってきたことがいくつかあります。

品目別には、大根は予想より高く、葉菜類では、チンゲンサイ、パクチョイ、小松菜などに、非常に高い値のものがありました。

世の中には二五〇〇ｐｐｍを超えるものが多く出回っていますが、食べておいしいと思える野菜は、五〇〇ｐｐｍぐらいです。

また、硝酸イオンの少ない野菜は、有機栽培か化学肥料で栽培されたかが問題ではなく、適期に収穫されて、しっかり太陽光線を浴びた野菜であり、必要な栽培期間を経ることによって、窒

表8・1　旬のときは抗酸化力が高い（ほうれん草）　$n=200$

測定月	産地・生産者	ビタミンC (mg/100 g)	抗酸化力 (Trolox：mg/100 g)	糖度（Brix）(%)	硝酸イオン (mg/kg)
6月	岐阜	12.25	21.1	3.4	3727
8月	岐阜	12.50	31.8	3.9	5667
10月	岐阜	26.64	43.2	4.2	4018
12月	愛知	62.00	92.1	6.9	1438
1月	愛知	88.00	159.7	10.7	493
3月	愛知	63.50	89.7	6.7	292

Trolox：6-ヒドロキシ-2,5,7,8-テトラメチルクロマン-2-カルボン酸

素がアミノ酸に変化し、おいしくなることもわかりました。

デリカフーズグループの仕事は、フードサービス業に、年間を通して同じ種類の野菜を供給することが使命でした。ところが、分析を重ねていくうちに、分析の結果と、食べておいしいという結果の相関関係がみえてきたことから、季節に季節の野菜を供給することが大事だと実感するようになったのです。

そこで、ほうれん草を旬の時期に使っていただきたい、食べていただきたいと考え、分析した結果をお知らせして、旬の野菜はおいしくてチカラがあることをお話ししてきました（表８・１）。理解いただくまでに少し時間がかかりましたが、現在、ほうれん草は冬の野菜と決めて使っていただけるところが多くなりました。

このように、旬や地産地消、おいしいということを数字で裏づけられるようになったことが、この一〇年間の分析の成果といえるでしょう。

植物工場の野菜と機能性成分・抗酸化力

同じ野菜でも，土耕栽培，水耕（水溶液）栽培それに植物工場のそれぞれの生育環境によって硝酸値，機能性成分量が大きく異なるケースが多いのです．地球上に人間の生命が誕生以来，土耕の野菜を食べて遺伝子が繋がれてきました．本来，食を通して人の健康，生命を考えたときに土耕と同じような野菜であることが必要と考えます．しかし，何をもって，水耕栽培や植物工場の野菜が，土耕のものと同じと判断するかは，そのスタンダードはないのですから測ることはできないのです．これから本書で述べるような科学性をもって機能性成分が評価できる高品質野菜としての生産努力が強く求められます．植物工場の場合，可視光線領域，近紫外線や近赤外線の領域の調節，風，養分，日照時間，温度・湿度などの諸条件から，むしろ土耕栽培より，硝酸濃度が少なく，機能性成分の高いものやミネラル成分を求めるものが生産できる可能性が高いと考えています．

2011 年 3 月 11 日の東日本大震災後の被災農地に大規模な太陽光発電所を建設し，国内最大級の水耕栽培などの植物工場と食品加工場の事業の計画が仙台市を中心に動き出しました．津波による塩害ですぐには耕作ができない圃場をこのようなメガソーラーのエネルギー基地と，それに隣接した植物工場はぜひ成功していただきたいと思います．

そして，上にも述べたように出荷される野菜の機能性成分と従来の土耕のものと同じような成分と含量，とくにポリフェノールなどの機能性成分と抗酸化力をもっていること，そして硝酸濃度の低いものの生産を期待しています．それが人の健康を育む野菜生産者の責務です．

9 葉物野菜も、イチゴも、枝豆も、夕採りがおいしい

市場やスーパーマーケットの売り場に「朝採り野菜」というキャッチフレーズが出ています。ケースに並べられた葉物野菜、トマト、枝豆は新鮮でおいしそうに見えます。そして朝露の中で、採ったばかりでみずみずしいというイメージが湧いてきます。

でも、植物は昼間二酸化炭素（炭酸ガス）を気孔からいっぱい取り入れ、太陽光の下で炭酸同化作用（光合成）をして糖分、デンプンをつくりますが、夜は人と同じで酸素呼吸になり、昼間蓄えたデンプンを消費します。一方、根から吸い上げた硝酸態窒素からのタンパク質合成が昼は機能していますが、夜は機能がお休みモードで、硝酸態窒素は葉に多く溜まります。朝採りの野菜やイチゴ、枝豆は硝酸濃度が高めで、糖度が低めになります。ということは、朝採り野菜はお

いしさが足らないということです（図９・１）。

流通は朝採った野菜を昼頃までに出荷準備をして、集荷センターを経由して深夜から翌早朝に東京や大阪の市場に届きます。その後一〇時頃から店頭に並ぶので実際は採ってから三〇時間から四〇時間後に食べることになります。

おいしい野菜を食べるには硝酸濃度が低くなり、糖度などのうま味成分が高くなり、美味しさが増した午後三時頃から採り、夕刻に出荷し翌早朝市場到着で、一〇時開店時には店頭に並ぶという流通スタイルができるのがより新鮮で品質の高いものを食卓に並べられるのです。

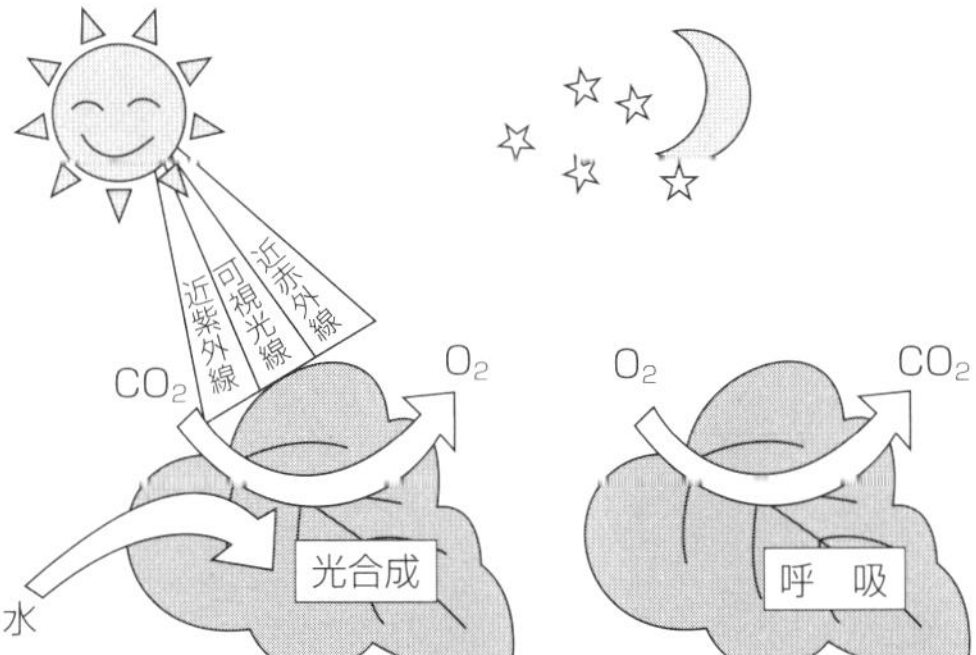

図９・１　植物の昼（光合成）と夜（呼吸）の模式図

枝豆は夕採りがおいしい

夏の暑い盛りに、枝豆をつまみにビールをジョッキでグイと飲むのはビール党にとって垂涎の喜びです。糖質の多い食品やアルコールを多量に摂取したときにビタミンB_1は不足がちになりますが、枝豆はそのビタミンB_1を補うとともに疲労回復に役立ちます。また、脳の栄養素といわれ

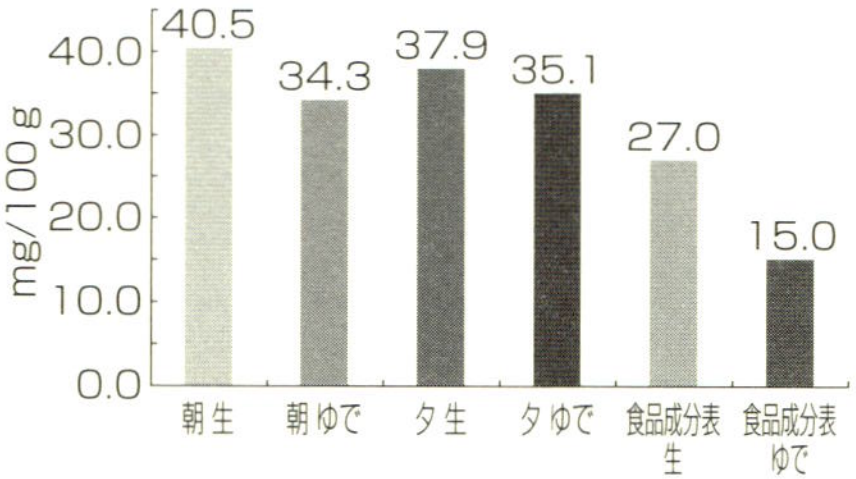

図 9・2　朝採りと夕採り枝豆のビタミン C 濃度比較（生とゆで）
［新潟薬科大学環境安全科学研究室・新潟観光コンベンション協会］

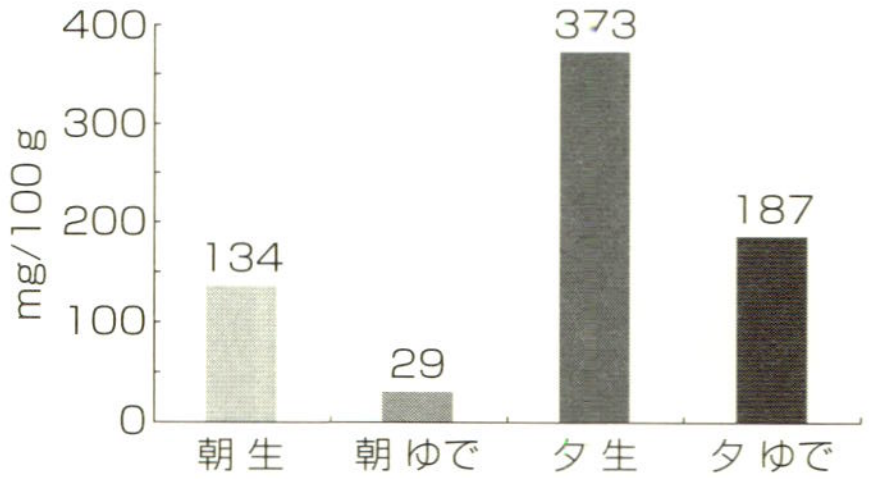

図 9・3　朝採りと夕採り枝豆の総ポリフェノール量比較（生とゆで）
［新潟薬科大学環境安全科学研究室・新潟観光コンベンション協会］

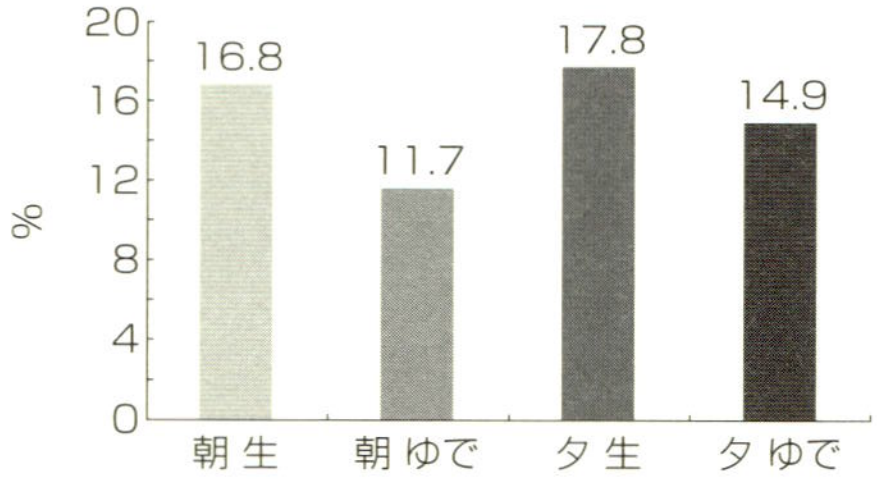

図 9・4　朝採りと夕採り枝豆の糖度比較（生とゆで）
［新潟薬科大学環境安全科学研究室・新潟観光コンベンション協会］

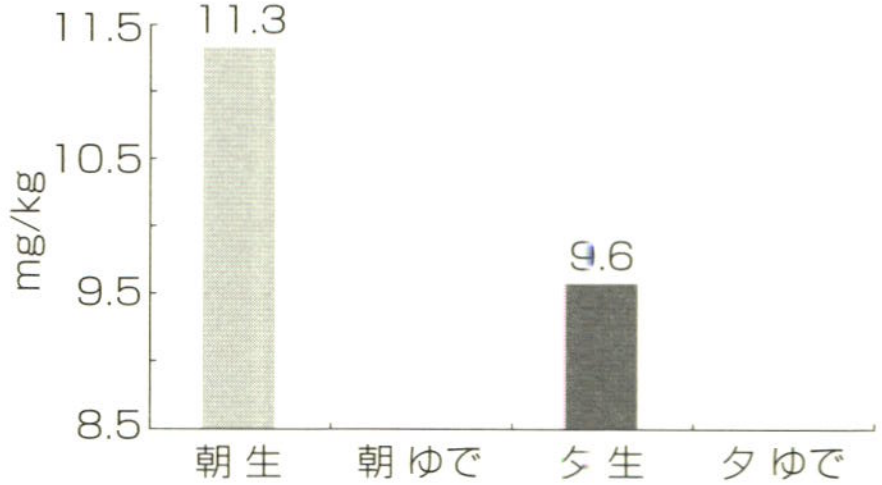

図 9・5　朝採りと夕採り枝豆の硝酸濃度比較（生とゆで）
［新潟薬科大学環境安全科学研究室　新潟観光コンベンション協会］

るビタミンB_1だけでなくB群のB_2、ナイアシン、B_6、B_{12}、葉酸、パントテン酸なども多く含まれています。カロテノイドやビタミンCは抗酸化作用を、必須アミノ酸のメチオニンはアルコールの分解を促してくれます。まさしく栄養の宝庫なのです。山形大農学部の阿部利徳教授は、だだちゃ豆などの枝豆の成分に、肝機能改善や疲労回復に効果があるとされるアミノ酸の一種「オルニチン」が含まれていることを発見しました（育種学研究13巻（二〇一一））。お酒を飲んだ後に二日酔いにならないようにと「しじみ汁」をいただきますが、これはシジミに含まれるオルニチンがアルコールの代謝をよくすることで肝臓への負担を少なくする効果があるからです。枝豆からはそのほかγ-アミノ酪酸（GABA（ギャバ））、など二三種類の遊離アミノ酸が検出されています。

著者の及川が在職していた新潟薬科大学の環境安全科学研究室が、新潟県観光コンベンション協会と共同して朝採りと夕採りの枝豆ではどちらがおいしいか実験を行いました。

生産地は新潟市西区黒崎、枝豆の品種は「茶豆小平方」で朝四時採取と同日の一六時採取のものをビタミンC、総ポリフェノール、硝酸、糖度について、生とゆでたものと比較しました。その結果、ビタミンCは朝と夕刻では差はあまりみられませんでした（図9・2）。しかし、明らかに夕採りのほうが糖度も高くなり（図9・3）、総ポリフェノールが際立って高くなっている（図9・4）こと、風味、食味を損ねる硝酸イオン濃度が夕刻は低くなっている（図9・5）ことなどがわかりました。その後の二四時間、三時間ごとに採取し、同様の実験を行い、経時的に経過を見ましたが、ビタミンCは夕刻のほうがより高い値となっているほかは、ほぼ同じ結果でした。枝豆産地は朝二時前から採取を始めて、六時頃には調整し、品質を保つためすばやく予冷庫に入れて出荷を待ちます。しかし実験の結果からは、夕採りのほうが高品質でおいしいという結論でした。

スーパーマーケットには、枝からもぎ採りポリエチレン袋に入れたパック状態で、しかも二四時間を経過したものが常温で売られています。採った枝豆は栄養分や水分の消耗を茎や葉の養分から補っているのです。また採ったあと急速に酸素を消費し二酸化炭素とエチレンガスを大量に放出し、劣化を早め、糖分も減少し食味を損ないます。流通の便利さだけで、高品質でおいしい枝豆が食卓に届かないのはどうしてなのでしょうか。

イチゴの機能性成分の二四時間経時挙動

二〇〇八年、新潟薬科大学環境安全科学研究室は旬の時期に合わせてイチゴ、トマト、ブルーベリー、枝豆について機能性成分の二四時間の経時的挙動を調べました。そのほか旬の時期ではありませんが、ほうれん草と小松菜についても同様の二四時間の調査を行いました。昼間は炭酸同化作用(光合成)、夜間は酸素呼吸と植物の生理は異なります。機能性物質、とくに抗酸化の状態がどのように経時的に変化するのか、また硝酸濃度や糖度の挙動をみることによって、一日、二四時間の中で目的成分がどのような経時的挙動を示すのか、また濃度の高低がどの程度あるのだろうか、おいしいうま味の出る時間帯はどうだろうか、適切な採取時期と時刻はないものかと考え実験を行いました。

二四時間三交代体制ですので研究室総動員体制で、しかも短い旬の時期の実験だけに繰り返しは困難で大変です。実験に入る前に技術と手順について個人差があってはなりませんので精度管理の試行を繰り返しました。本来三~五年間同一実験を繰り返してその結果についての論文を学会で評価を受けるのが当然ですが、一回だけの試みの結果ですが、採取した試料($n=5$)については分析精度を確認するため共著者丹羽のデザイナーフーズ㈱と新潟薬科大学とのクロスチェック分析の結果がほぼ一致したことから、あえて今後の研究課題として提起したいと考え紹介します。

イチゴ（品種：越後姫、図9・6）について二〇〇八年五月一七～一八日に実験を行いました。天候状態、気温、品種、植物の生理的栄養状態、生育土壌などの諸条件などによって機能性成分の濃度や抗酸化力は変化するものと考えられます。実験成果の精度検証と評価はできませんが、挙動の一例として示すものです。

図9・6　実験に用いたイチゴ（越後姫）

実験は二四時間晴天が継続する日程を選びました。そのときの外気温とハウス内温度の変化および二酸化炭素の外気とハウス内の経時的変化を見ましたが、二酸化炭素のハウス内濃度は昼間に外気より少なくなり、逆に夜間は高くなりました。日中は二酸化炭素の吸収が大きく、夜は酸素呼吸になっているわけです。抗酸化力のＯＲＡＣ法トロロックス換算値の経時的挙動と総ポリフェノールの濃度挙動が相似形のように一緒であることがよくわかります（図9・7(a)、(b)参照）。総ポリフェノールとＯＲＡＣ法トロロックス換算値の相関状態をみましたがR^2＝0・8155でした。ＤＰＰＨ法トロロックス換算値とＥＳＲ測定の・ＯＨ－（パーセント）は多少ずれてはいますが、同じような経時的挙動がみられました（図9・7(c)、(d)参照）。

糖度は午後から夕刻に向かって高くなる傾向にある（図9・8）ことが、硝酸イオン濃度は夜間より昼間に低くなる（図9・9）ことがわかりました。夕採りイチゴのほうが枝豆と同様おいしいようです。

しかしこの結果からは、抗酸化力は朝採りのほうが良さそうです。これはあくまでも二〇〇八年五月一七～一八日の結果で、いつも同様の挙動であるかは数年に及ぶ旬の時期に合わせた長期の実験結果をみないと評価はできません。総ポリフェノール量、抗酸化力、硝酸イオ

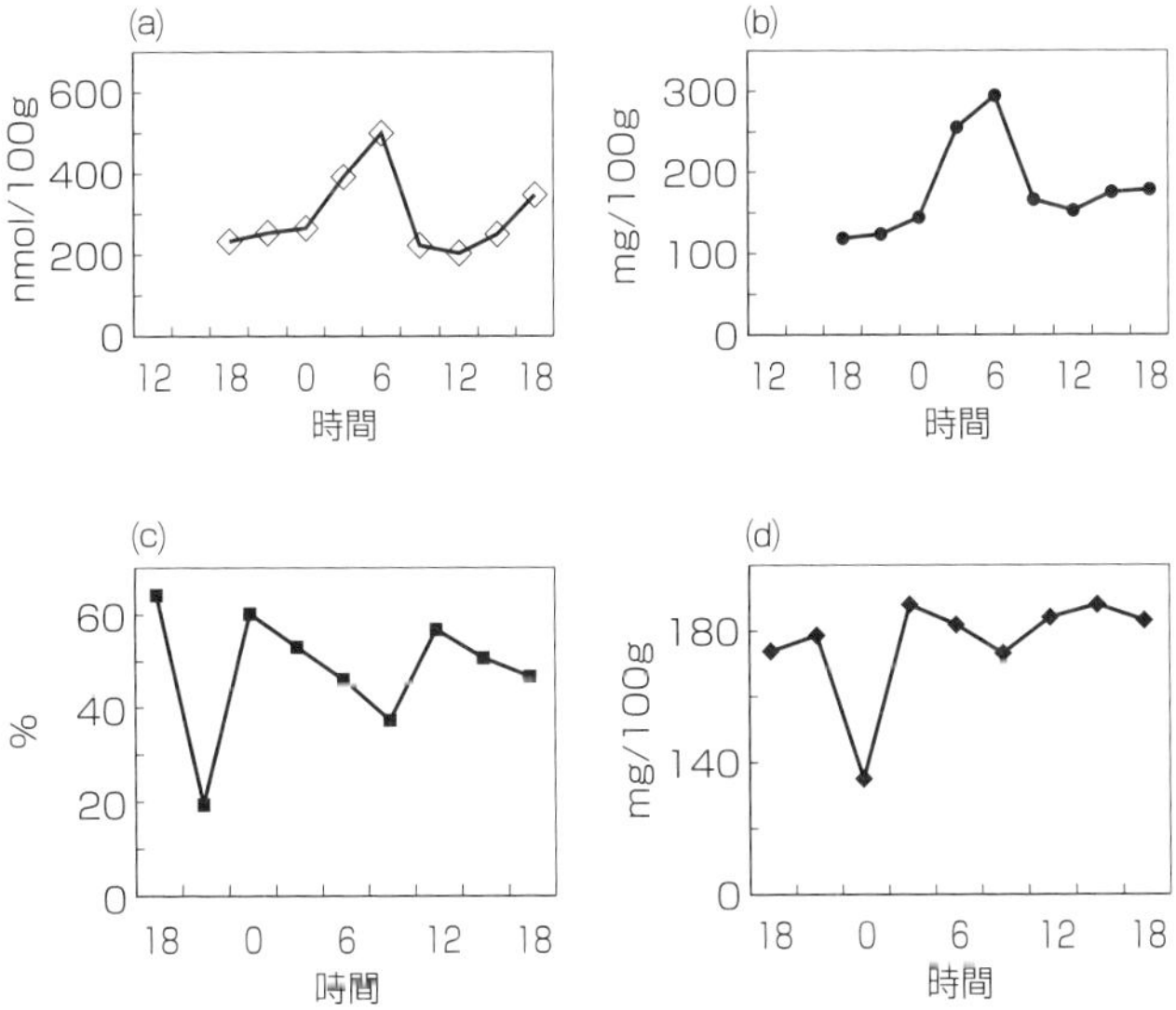

図9・7 24時間経時挙動変化
(a) ORAC法 Torolox換算値 (b) 総ポリフェノール量 (c) ESRによる-OH消去率 (d) DPPH法 Trolox換算値
［新潟薬科大学・デザイナーフーズ㈱］

ン濃度、糖度のいずれもが一日二四時間の中で大きく濃度変化すること、また抗酸化力も測定手法や対象活性酸素・フリーラジカルによって違う挙動であることも垣間見られたのですが、数年継続した結果をみなければなりません。

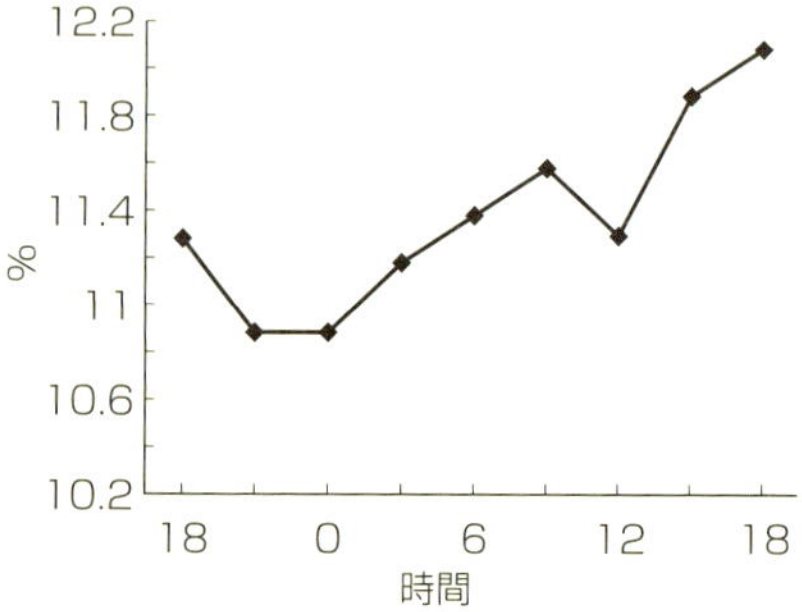

図 9・8　糖度の 24 時間経時挙動変化
［新潟薬科大学・デザイナーフーズ㈱］

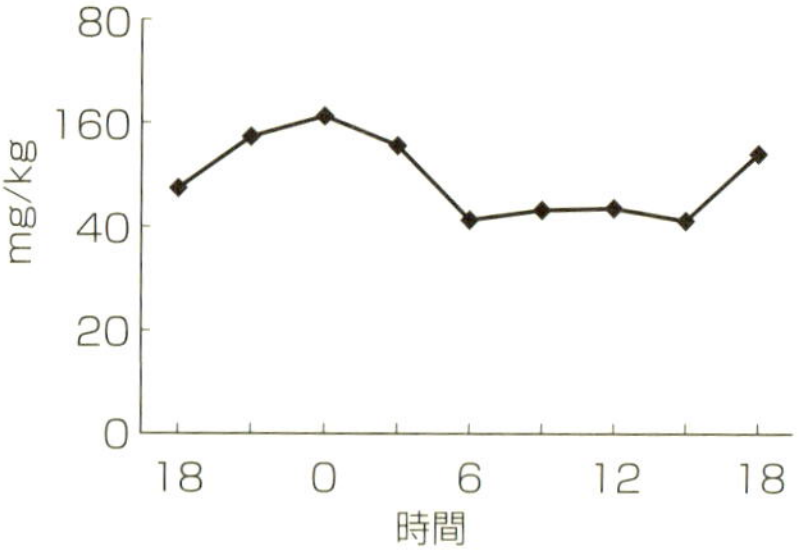

図 9・9　硝酸イオン濃度の 24 時間経時挙動変化
［新潟薬科大学・デザイナーフーズ㈱］

10

抗酸化力の測り方、見方

日本では、以前から「フィトケミカル」という植物がもつ化学物質についての研究が盛んでしたが、その中でとくにフィトケミカルの抗酸化力が注目されるようになりました。抗酸化力は、人間の細胞が酸化していくこと、つまり老化をくいとめられるのではないか、と期待されているからです。

超高齢化社会といわれる現代日本では、高齢者の介護や医療が国の財政をますます圧迫していくでしょう。老化や病気は、食べもの、とくに野菜で予防できるのでしょうか。野菜の抗酸化力を測定し、何を食べれば老化や病気を防げるのかということを、きちんと分析することが必要とされる時代になってきました。こうした研究の基本となるのは、野菜の抗酸化力を測る方法です。

　いまはまだ、実際に野菜の抗酸化成分が体に吸収され、活性酸素が消去された、という効果を測定することは難しいのですが、食品そのものがどれくらいの活性酸素を消去するかを、測定することができるようになりました。

DPPH法

　DPPH（ディー・ピー・ピー・エイチ）法は、比較的簡単に抗酸化力を測ることができる方法として、日本では多く用いられています。

　野菜をすりつぶして薄めた液を、DPPHとよばれる試薬に加えると、野菜がもつ抗酸化力の強さによって、試薬の紫色が変化します。ただの水を加えても色は変わりませんが、抽出液の抗酸化力が強いと色が消

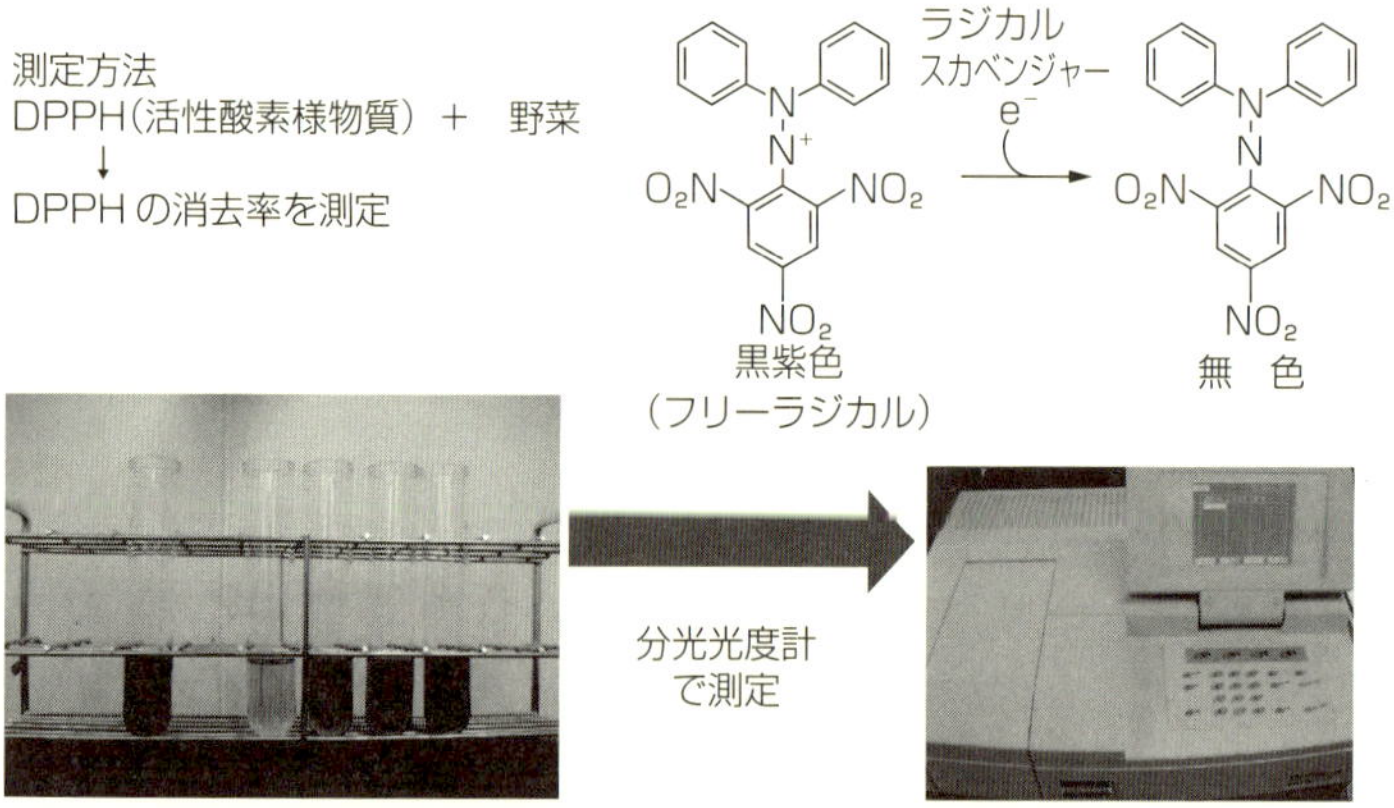

図10・1　DPPH（1,1-ジフェニル-2-ピクリルヒドラジル）法

え、力が弱いと色が残ります。

さらに、この溶液をセルに入れて分光光度計という機械にかけ、光を照射し、光が透過する量を測って、溶液の紫色がどのくらい邪魔しているかをみます。透過する光の量が多いということは、紫色が薄いということですから、色を薄くした力、つまり野菜の抗酸化力が強いということになります。このような方法で数値化するのが、DPPH法です（図10・1）。

ORAC法

ORAC（オラック）法は、米国の農務省と国立老化研究所の研究グループが中心となって開発したもので、測定法で特許を取っています。AAPHという人為的につくった活性酸素をどのくらい消すことができるかを蛍光物質で見る方法です。この蛍光物質は、活

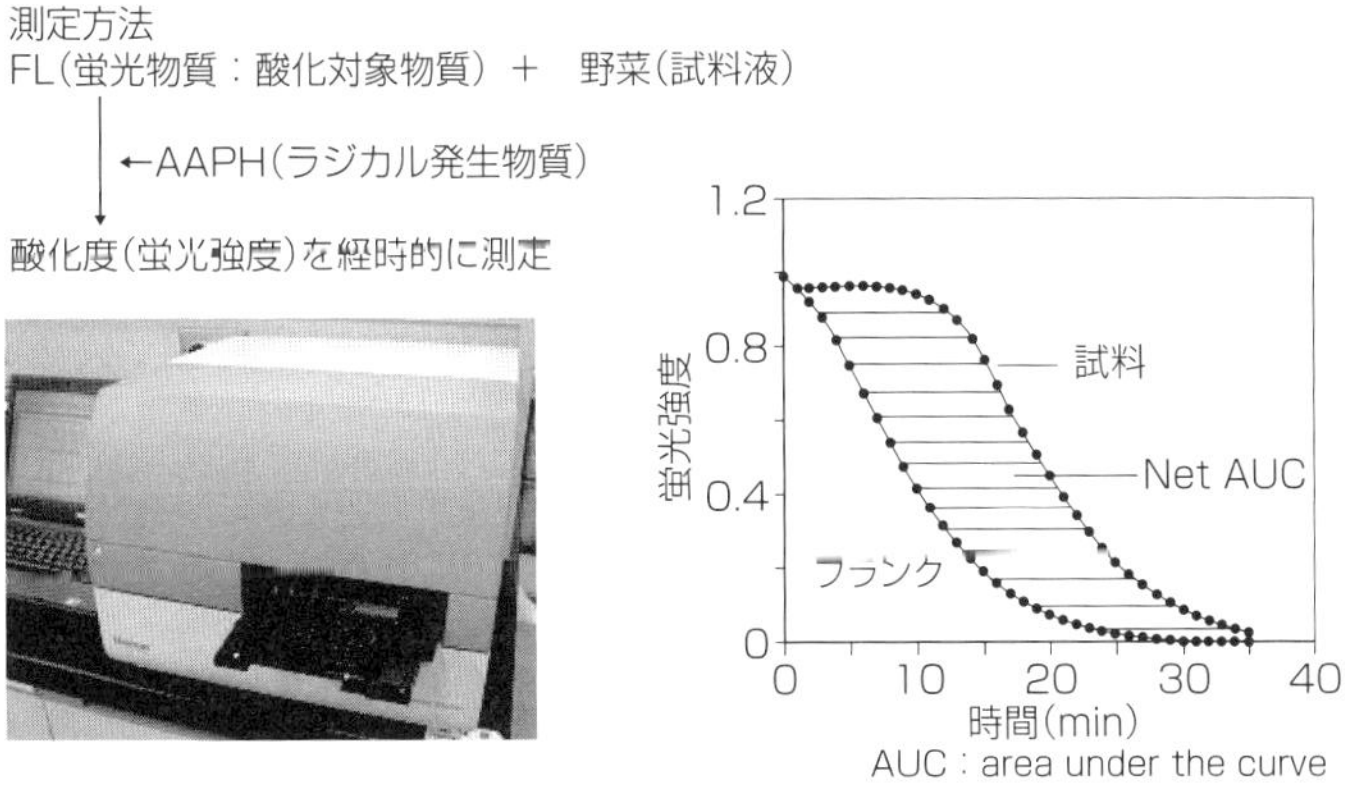

図10・2　ORAC（oxygen radical absorbance capacity）法

性酸素によって分解される性質をもっており、活性酸素に対抗する抗酸化物質があると分解が抑えられるので、減少するスピードが緩やかになります。この蛍光が減少するようすを曲線で表し、その減少曲線下の面積と基準の面積との差をもとに計算して、抗酸化力を表します（図10・2）。

米国では、このORAC法で測定した値をチョコレートやお茶など、すでに食品に表示しています。このデータと私たちがDPPHで測定してきた抗酸化力を比較したところ、ある傾向を示しました。そこで、現在は私たちも、ORAC法を測定方法の一つに採用していますが、DPPHと同様、人為的につくられた活性酸素を消す力を測定していることになります。

DPPH法やORAC法はともに比較的安価に分析ができ産地による違いをはじめ、品種や栽培方法、熟期による違いなど、さまざまなデータを比較できる点が優れています。

ESR法

ESR（イー・エス・アール）法は、電子スピン共鳴装置という機械で、食品の抗酸化力を測る方法です（図10・3）。DPPH法やORAC法が測定できるのは仮想的な活性酸素の消去能ですが、ESR法は、実際に人間の体内で発生する三種類の活性酸素種である、「一重項酸素」

「スーパーオキシド」「ヒドロキシラジカル」を消す力を測定することができます。

　私たち人間は空気中の酸素を呼吸で取り入れることによって生きていますが、体内に入った酸素の二パーセントくらいがスーパーオキシドという活性酸素になります。

　スーパーオキシドは体の中で変化しヒドロキシラジカルになり、細胞膜の脂質酸化を起こします。また、一重項酸素は、紫外線を浴びると発生する活性酸素です。

　デザイナーフーズ㈱は、いままで多くの野菜と果物をDPPH法やORAC法で測定してきましたが、同じ検体について、ESR法でも三種類の活性酸素（フリーラジカル）を消去する力を測定し、ESR法とDPPH法やORAC法とのデータの相関をみてきました。

　また、ESR法でわかる、三つの活性酸素を消去する食品の力の大きさを、三角形の面積で表すことにしまし

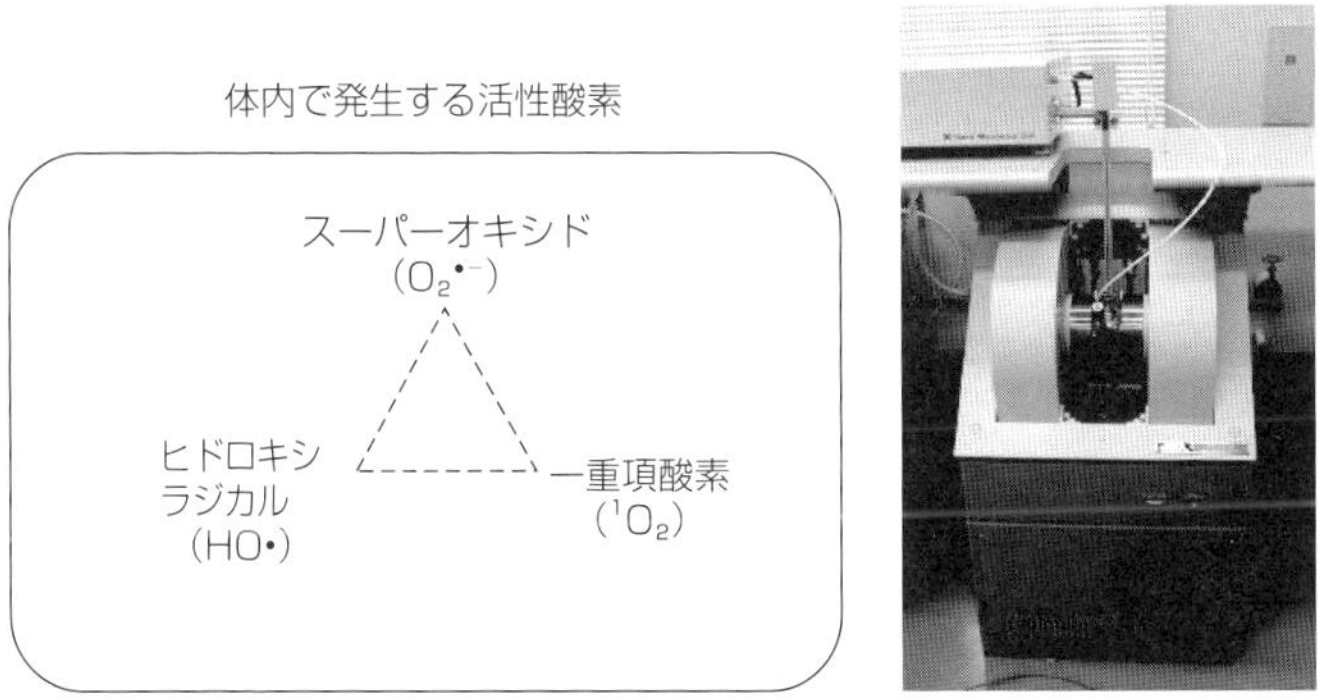

図10・3　ESR（electron spin resonance）法
生体に近い反応を見ることができる.

た。スーパーオキシド消去活性は「ヘルシーエイジング」に、ヒドロキシラジカル消去活性は「病気予防」に、一重項酸素は「美容」に影響があると表現しています。

それぞれの三角形の形から判断します（図10・4）。宮崎県産のマンゴーは、スーパーオキシド、ヒドロキシラジカルを消す力が強いことがわかります。宮崎県産に比べて、台湾産は、ヒドロキシラジカルを消す力がたいへん強いことがわかります。これは、台湾は蒸し暑いことが関係していると考えられます。また、メキシコは、太陽の紫外線が強いところです。そこで、メキシコ産のマンゴーは、紫外線があたったときにできる一重項酸素を消す力が強いのでしょう。

このように、ESR法は、野菜の抗酸化力を、人の体内で実際に発生する活性酸素種を消す力として示すことができ、とくにどの活性酸素種を消去するかを知ることができます。さらに、これを三角形で表現するとその食品の抗酸

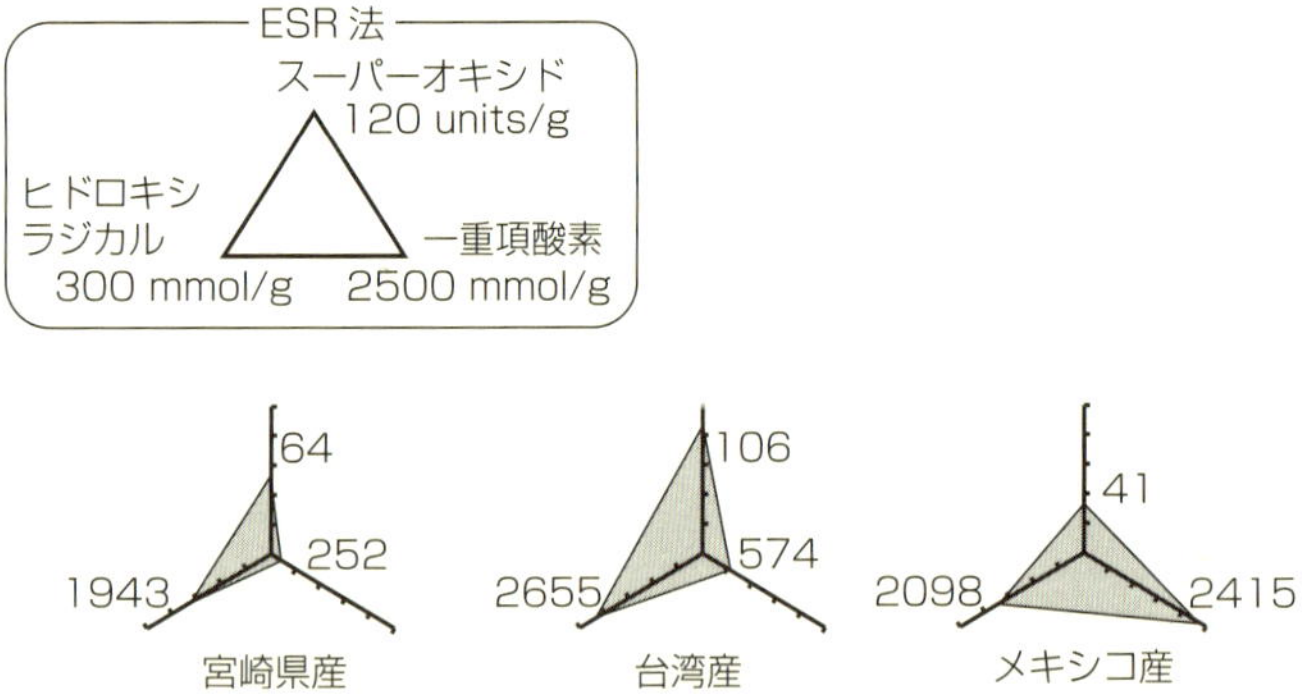

図10・4　アップルマンゴーの抗酸化力

化力の特徴が明らかになり、食品の組合せ方、調理法などに科学的根拠をつけることができます。

また、より機能性の高いメニューを企画していくことにも役立ちます。

11 データで見る野菜のチカラ

デザイナーフーズ㈱は、一〇年以上にわたり、日本全国の産地の野菜・果物を、ビタミンC、糖度、硝酸イオン、抗酸化力（DPPH法）の四項目について分析してきました。その数、いままでにおよそ二万検体。私たちは、単にデータを取るだけでなく、必ず食べてその食味を確かめています。そこからわかったことは、旬の野菜には力があるということ、おいしい野菜は体に良いということです。

また、野菜のチカラは、データには十分に出てこないこともあります。それまであまり注目されていなかった品目が、さまざまな研究のなかで大きな力をもっていると判明し、話題になることも珍しくありません。分析判断できる範囲はまだまだ開発途上といえるでしょう。

日本で売られている野菜は約一五〇種類といいます。ここに取りあげる野菜はその一部、とくに抗酸化力が高いものですが、野菜にはすべてそれぞれの存在理由があり、世の中に要らない野菜はありません（図11・1〜図11・10）。

長年、野菜の力を科学的に分析し、研究を続けてきて、私たちは野菜という生きものの命をいただいて生きていること、人間も自然の一部であることを、つくづく感じています。

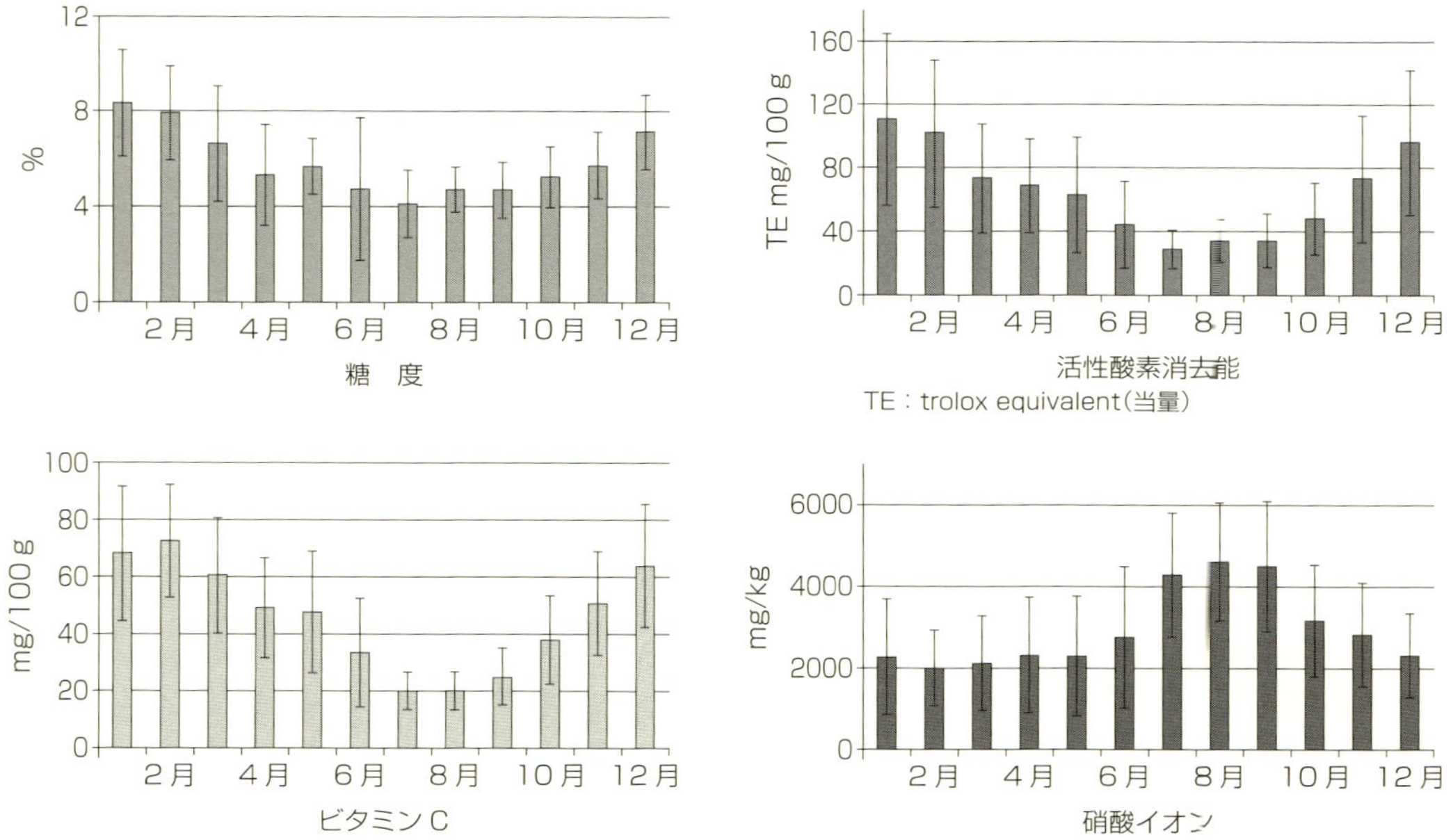

図11・1　ほうれん草（2005～2010年，$n = 753$）

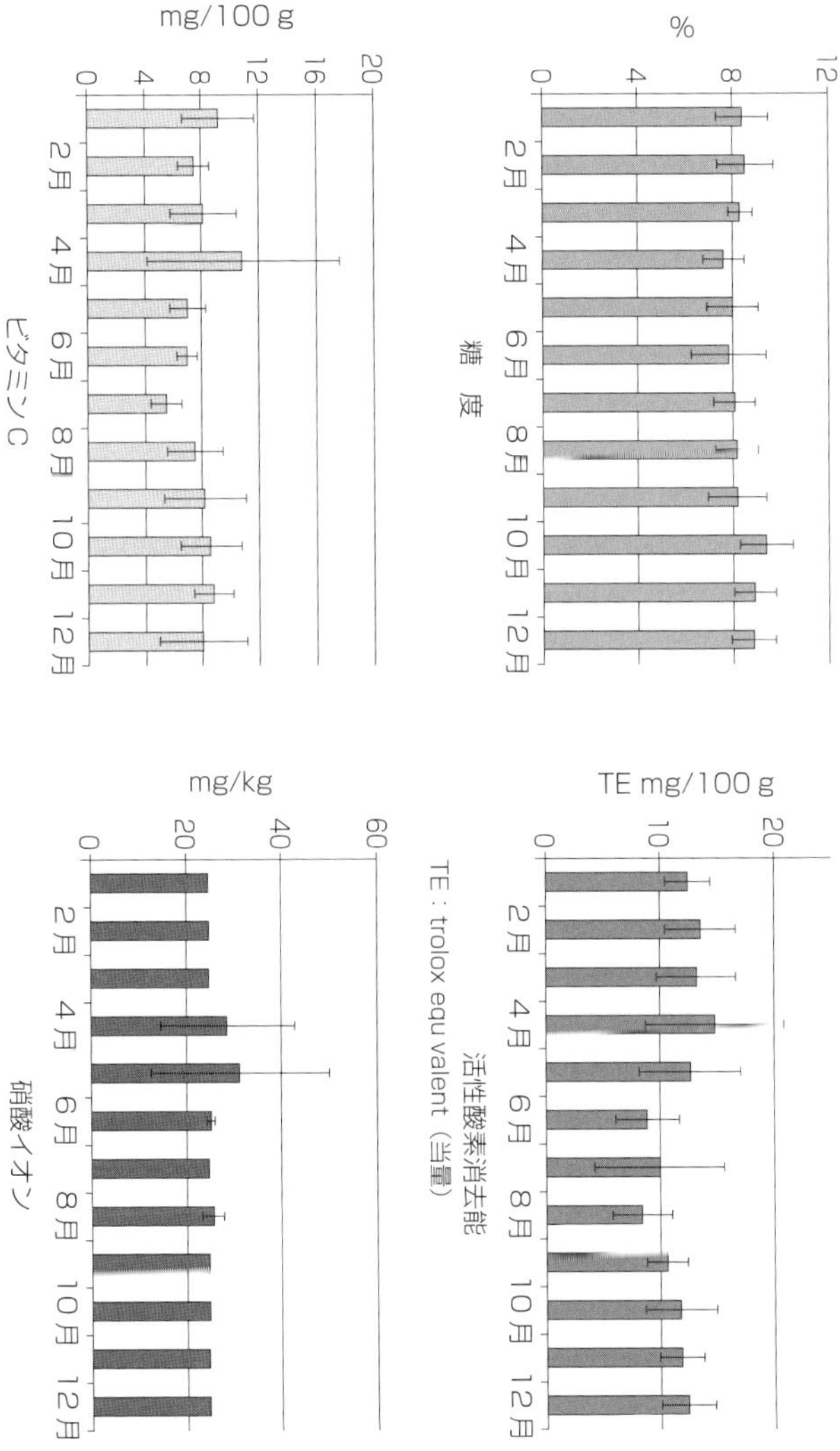

図1・2　玉ねぎ（2006～2010年，n＝200）

1～3，7，9～12月は検出限界の25 mg/kg以下

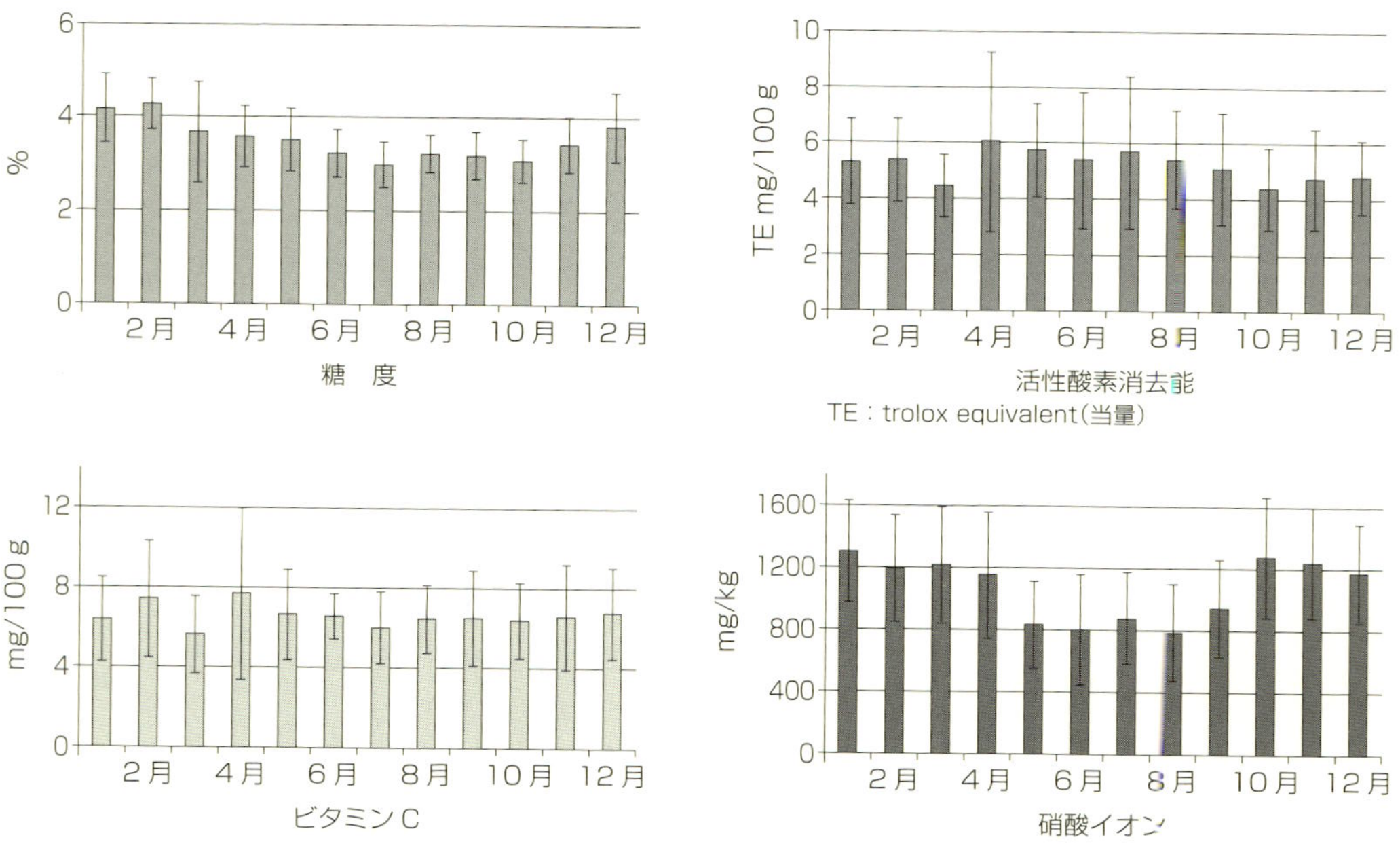

図11・3　レタス（2005～2010年，$n = 945$）

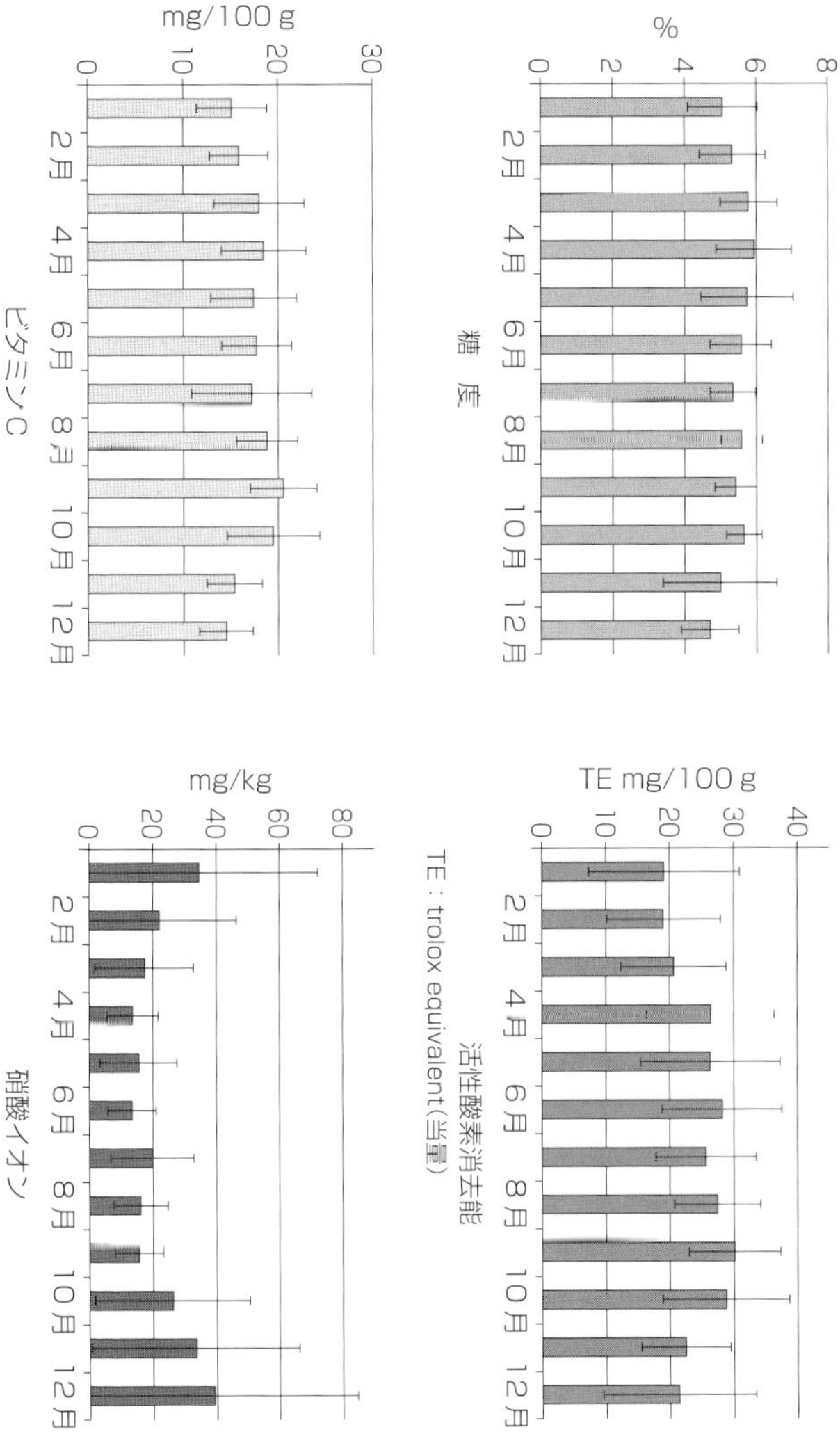

図11・4 トマト（2005～2010年, n＝1260）

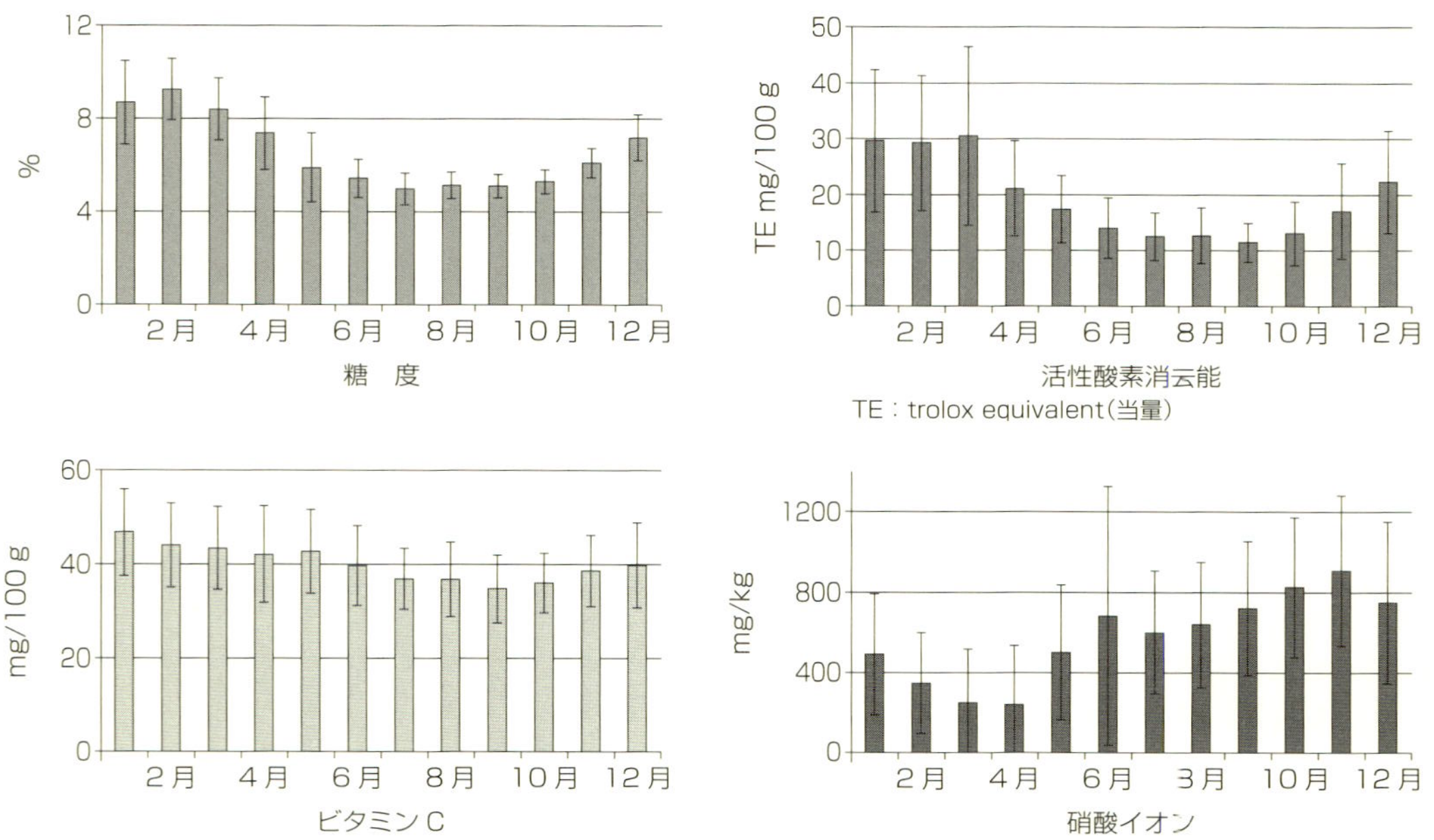

図11・5　キャベツ（2005～2010年，n = 1131）

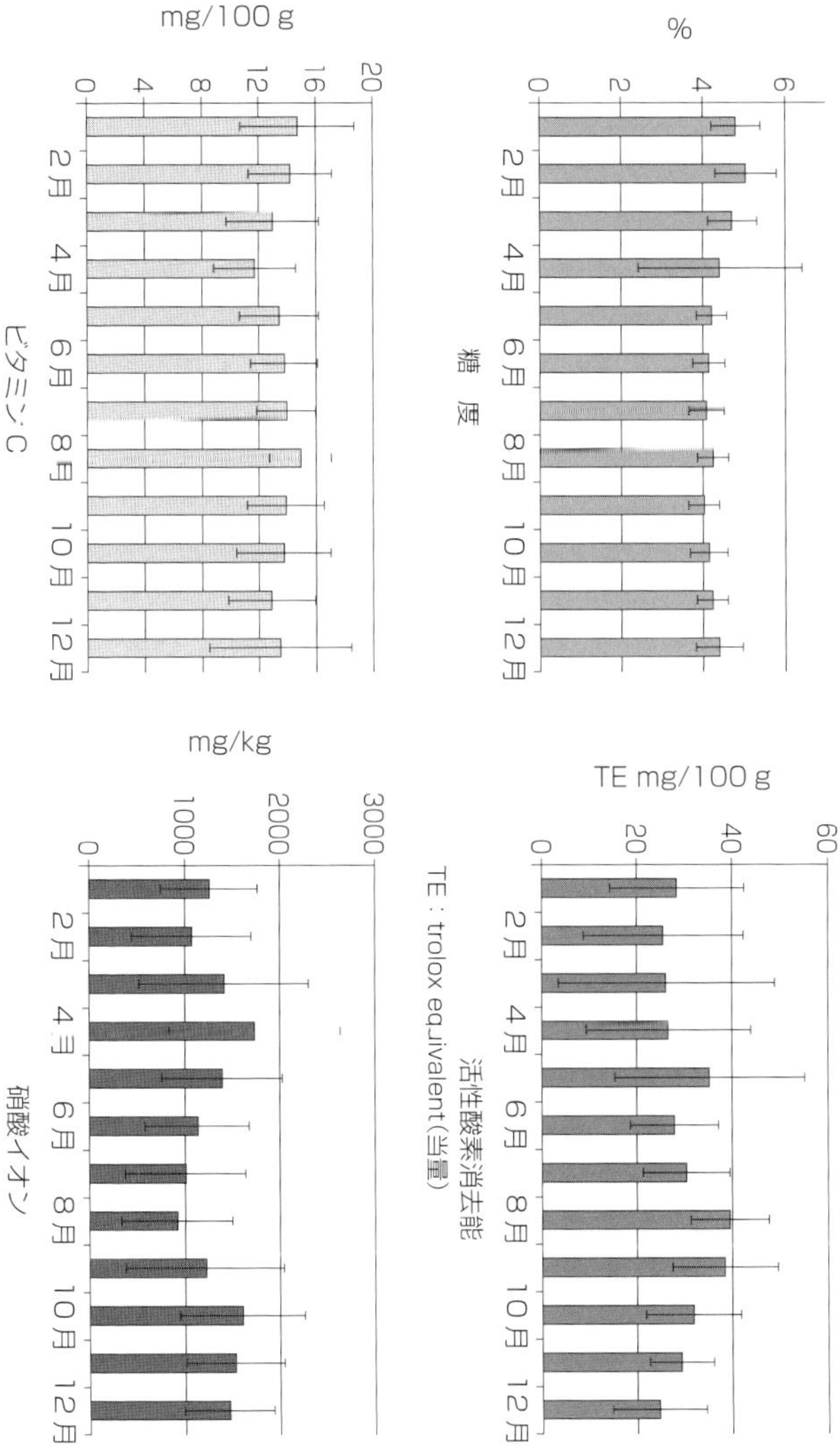

図11・6 大根（2005～2010年，n＝1057）

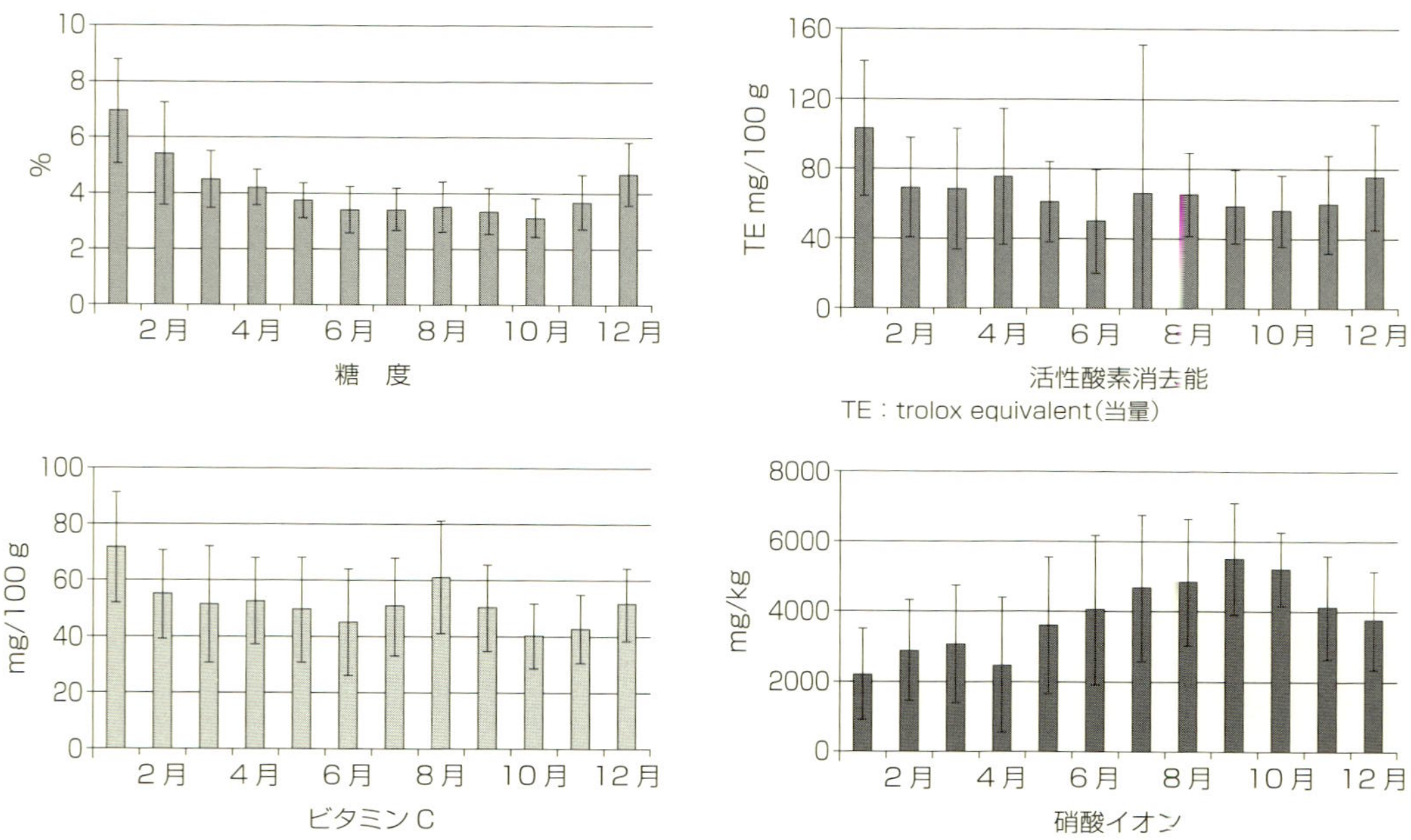

図 11・7　小松菜（2005 ～ 2010 年，n = 671）

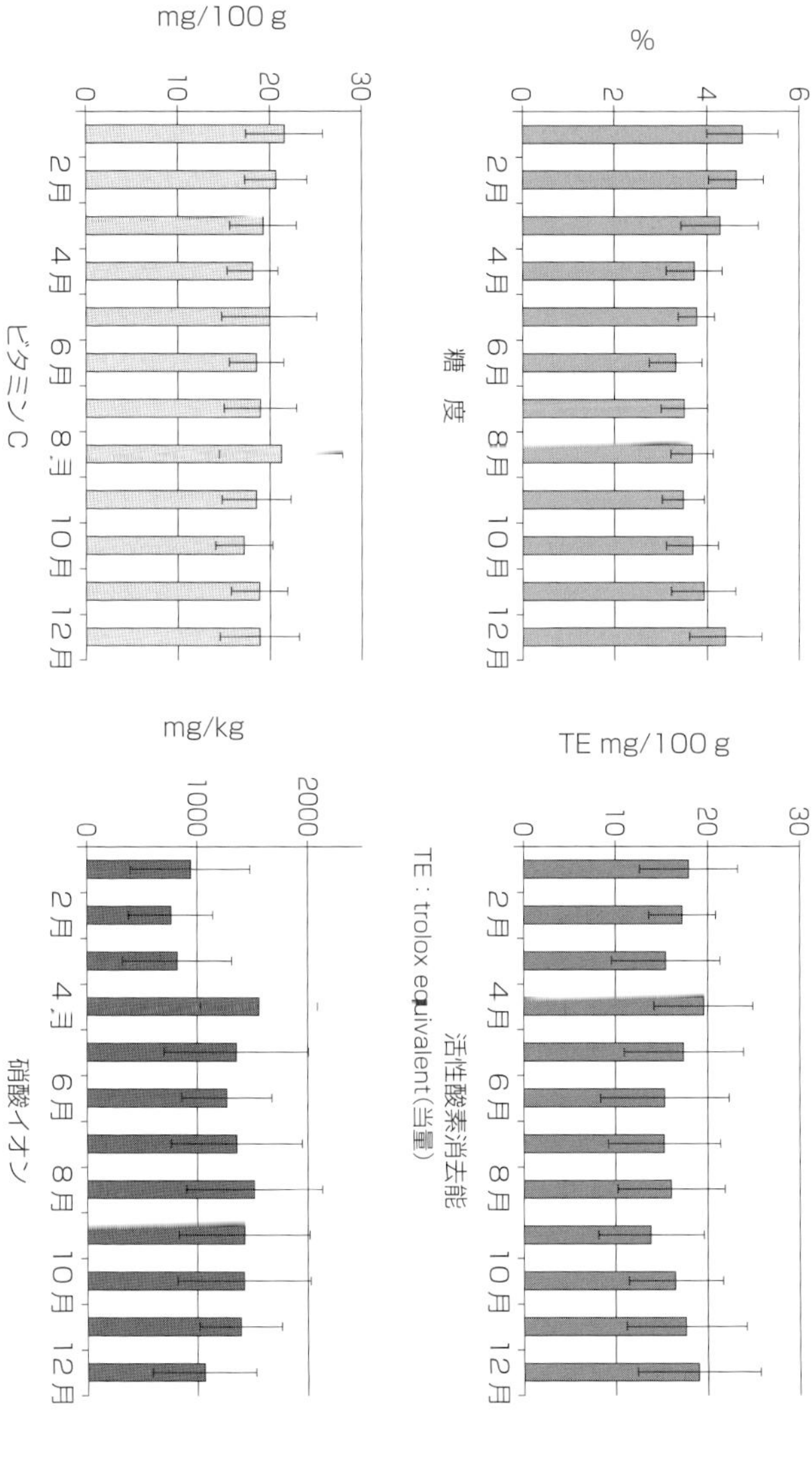

図11・8　白菜（2005～2010年, n = 425）

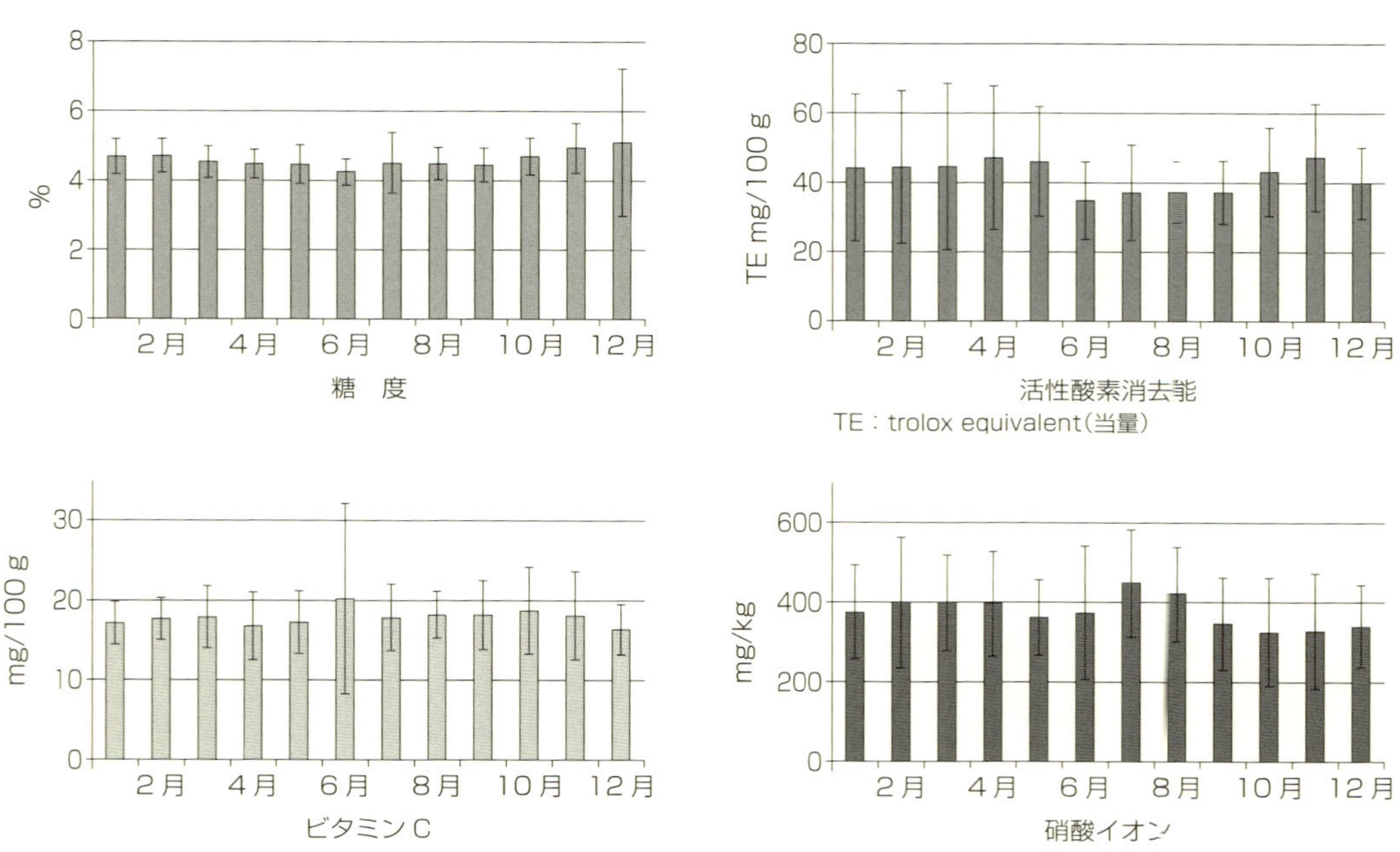

図11・9　なす（2005～2010年，n = 472）

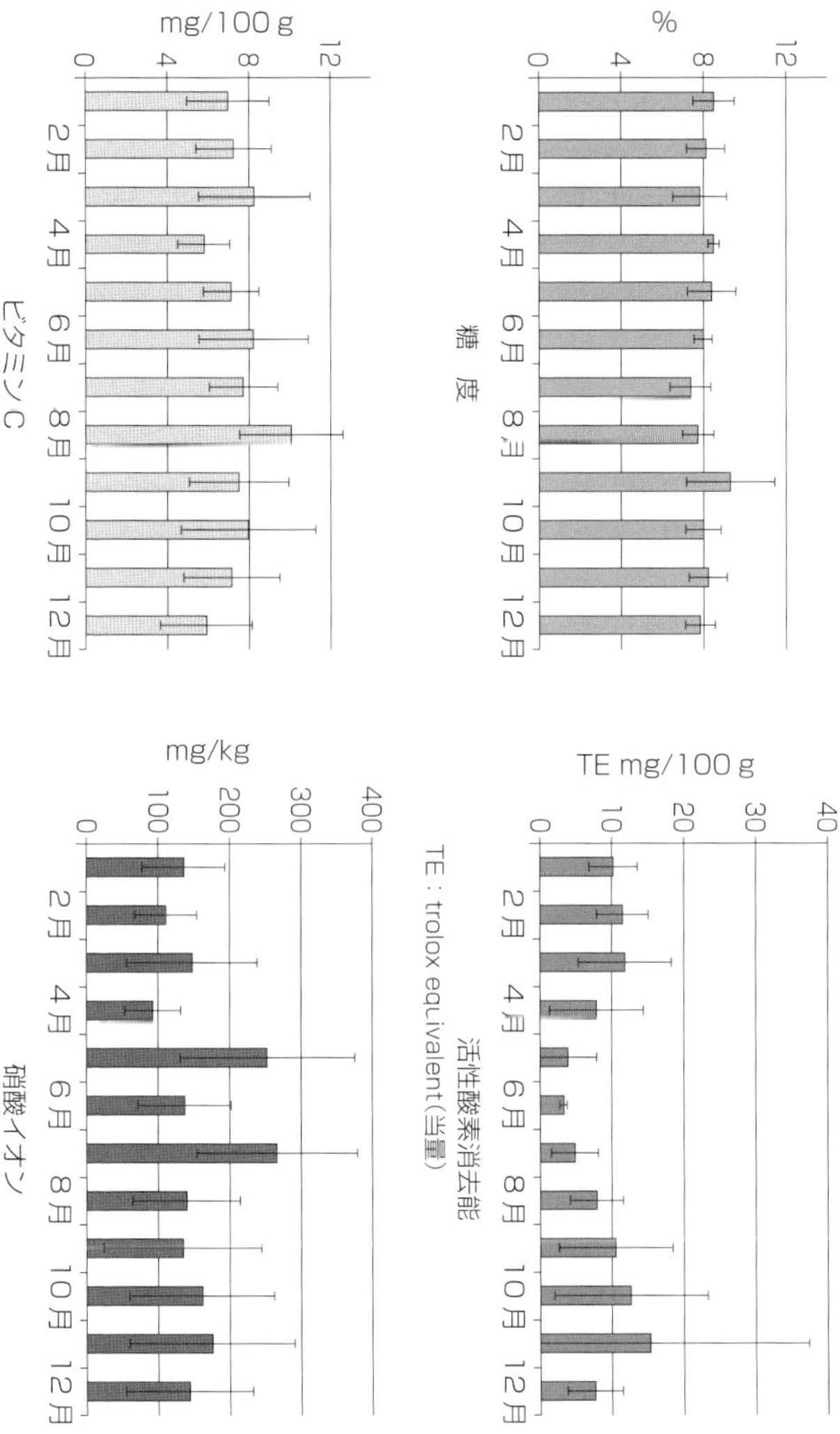

図11・10　ニンジン（2005～2010年，n = 165）

Ⅲ　現状の野菜づくりは、何が問題なのか

おいしくない野菜が多くなった

今日のサラダはおいしそうと口に入れた途端、気分が悪くなるような驚くほどの苦さを感じたキャベツ、小松菜（ピノグリーン）やサラダ菜、時には泥臭さを感じるキャベツなどを口にしてしまった経験した方も多いのではないでしょうか。食味の感じないトマトを経験することは日常的にあるのではないでしょうか。

肥料の施肥計算量を誤ったり、早く成長させたいために窒素肥料を過剰に投入したり、腐敗途中の不完熟堆肥、ことに下水汚泥やし尿処理場由来の下水汚泥の混入した有機堆肥などを施肥して栽培した野菜に泥臭さを感じるものが多いのです。

有機野菜だから、無農薬野菜だから安全・安心は大きな間違い

この有機野菜はおいしくないね、なんか臭いねと思いつつも安全・安心が保証されているから少々おいしくなくても大丈夫と食べてはいないでしょうか。

葉が虫に食われているけど、虫が食うということは安全・安心の印と思って野菜を食べてはい

ないでしょうか。虫がつくということは、畑の土から虫の好むにおいが出ているか、あるいは野菜の葉に虫の大好きな養分が溜まっているということなのです。

野菜に虫や病原菌がつくような畑の多くは肥料過剰か、それとも不完熟の有機堆肥を使った不健康な土壌なのです。不健康な土壌からは人の健康に良くない、おいしくない不健康な野菜ができるのです。また人への健康影響を及ぼす病原性細菌や回虫、嶢虫の心配もあります。ほとんどの国民は「有機は安全・安心、おいしい」と大きな誤解をしているのです。

虫は不健康な土壌、不健康な野菜の警告隊

虫は窒素などの肥料過剰や未分解の有機物が多い不完熟な有機堆肥を施肥している圃場に多く集まります。そのような不健康土壌の野菜の葉には可溶性窒素が多く、虫や病原菌の集まりやすい状態となっているのです。

有機堆肥をつくっている農家で、カブトムシの幼虫がたくさんいるので良質の堆肥ができているという方がいますが、大きな間違いなのです。まだ未分解の有機物が多く残っているため、それを食べたい虫が多く集まるのです。

害虫の防除に大変、でも有機野菜だから農薬は使えないので虫取りばかりしているという方も

多く見受けられます。虫にすれば人間の都合で害虫といわれているだけなのです。むしろ、虫は不健康土壌、不健康野菜の警告隊なのです。

では、おいしくない野菜、虫のつく野菜、不健康な野菜についてもう少しその原因を掘り下げて探っていきましょう。

12

施肥過多は植物の「栄養障害」を引き起こす

農作物は微生物の活動が豊かな土壌に根を張り、発芽→成長（幼葉）→成長期→花芽形成期→開花期→結実と発育段階に応じて各種の要素を吸収しながら、太陽光の光エネルギー（112ページコラム参照）を受け、植物の葉緑体で空気中の二酸化炭素と水で光合成を行い、単糖類のグルコースなどを経て多糖類のデンプンなどの炭水化物をつくるとともに酸素が生成し放出されます。この反応が炭酸同化作用とよびます。

また、植物は土壌中の根から吸収された硝酸はアンモニアに変わり、そのアンモニアと炭水化物の分解で生じた有機酸（α-ケトグルタル酸）からグルタミン酸（アミノ酸）が合成され、さらに炭水化物から合成された各種有機酸と反応して各種アミノ酸が合成されます。ついで各種アミノ酸からタンパク質、核酸、ATP（アデノシン三リン酸）がつくられます。この系の合成の流れを窒素同化作用といいます（図12・1）。ほかに硫酸イオンが関与し、アミノ酸からタンパク質合成に至る硫黄同化作用とリン酸イオンが関与し、核酸や脂質形成に至るリン同化作用があります。

植物体内ではこのタンパク質合成を中心とする各種の代謝系が生理的調和をもって進行して、植物は健康に育つのです。順調なタンパク質合成のもとでは、吸収栄養分は無駄なく代謝系に組込まれ、病原菌や害虫が必要とする余分な可溶性養分が少ないために、植物体への病原性微生物や害虫などの寄

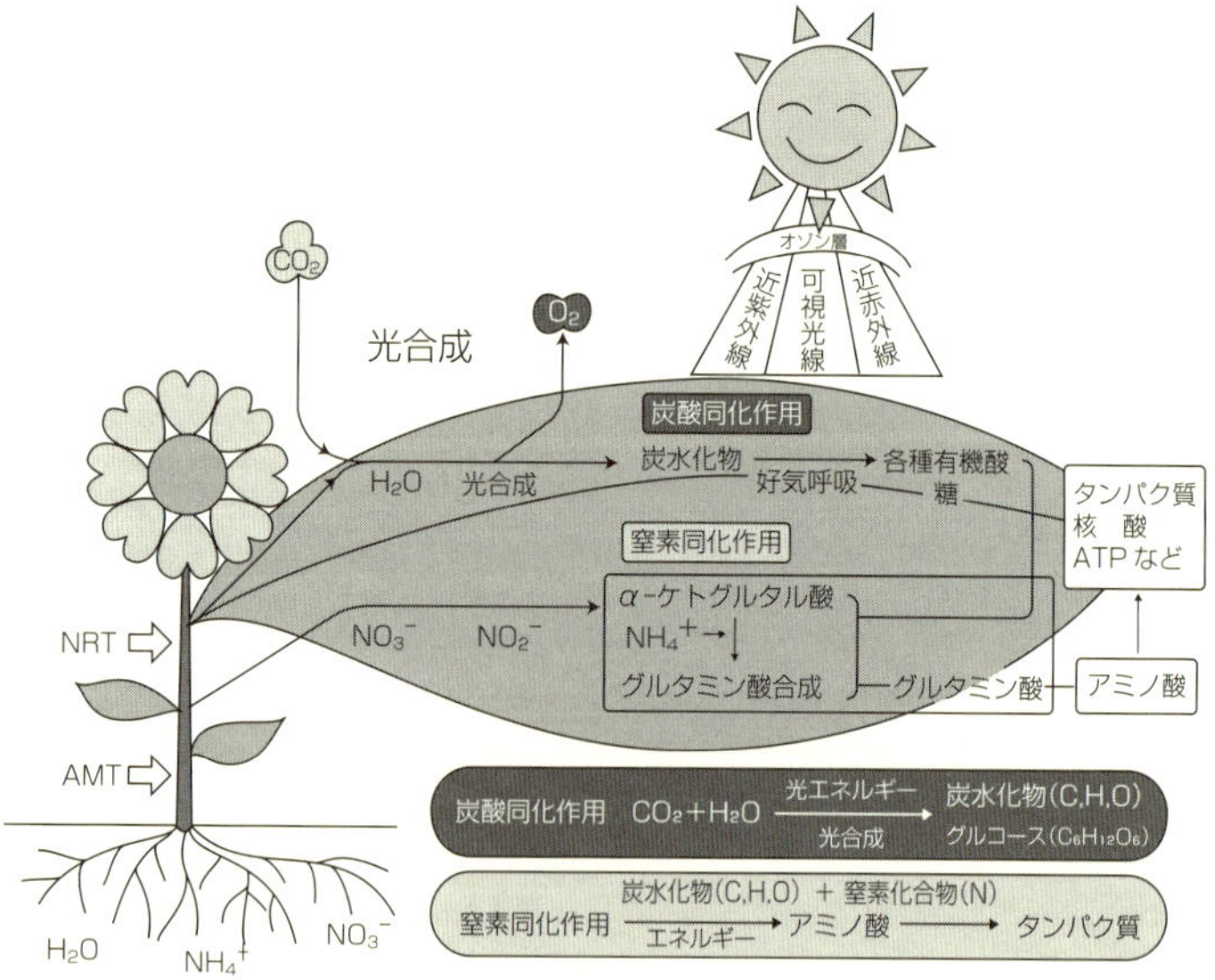

NRT：硝酸トランスポーター，AMT：α-メチルトリプタミン．

図12・1　炭酸同化作用と窒素同化作用

生することは少ないのです。

たとえば必要以上の養分、窒素肥料が得られると、代謝系内にアミノ酸や糖類などの可溶性養分が停滞して、この可溶性成分を栄養素とする害虫や病原菌が体内に侵入し増殖し、植物は病気となり、また害虫が寄ってきて食害を起こします。

大量の施肥は植物体内と土壌内の養分バランスを破り、微量要素の吸収を阻害します。

過剰な無機肥料、ことに可溶性窒素肥料によって生産された農作物は食味が悪く、健康に有効な成分の含量を減らし、作物の保存性を悪くし、病気にかかりやすくなります。

良質の完熟堆肥を適量施肥している土壌の作物はうま味が高まり、保存性も良くなり、害虫や病気への抵抗性が高まります。

植物の光合成と太陽光波長領域

植物の葉は太陽光の 400 ～ 700 nm の領域の波長を利用して光合成を行います．光合成を行うクロロフィル *a* は，太陽光の可視光線の青紫色と赤色をもっとも吸収します．可視光線の短波長側近傍 370 ～ 400 nm 領域の近紫外線は，植物の形態を正常化するとともに背を低く，葉を厚くする作用があります．また，植物体内のポリフェノール類の抗酸化物質を増やすことも知られています．ヒトは太陽光の紫外線を防ぐためにメラニンを出しますが，その結果日焼けします．植物がポリフェノール類を生成して紫外線から身を守るのも同じことです．冷蔵庫の野菜室に波長 375 nm の紫外線を発光する LED を備えて，冷蔵中に緑黄色野菜のポリフェノール量を増やすとともに波長 590 nm の橙色の LED も合わせて取りつけビタミン C の増量ができるようなシステムが組み込まれたものも市販されています．

また 660 nm 以上の長波長側では光合成率が急激に弱くなりますが，700 nm 近傍の近赤外線では光合成量が促進されることもわかっています．

13

土壌の微量ミネラルの欠乏

作物が成長に必要な元素は表13・1に示す一六元素ですが、空気と水から取り込むことができる炭素（C）、酸素（O）、水素（H）を除く一三元素があげられます。

とくに、微量元素が欠乏するとタンパク質合成が抑制され、硝酸、亜硝酸、アミノ酸などの窒素化合物などの可溶性物質が蓄積し、病原菌や害虫などの寄生者の感受性が高まり、これらの寄生者の生命力が強くなり増殖が進むのです。

たとえば微量元素の亜鉛（Zn）の欠乏はタンパク質合成に影響します。亜鉛は根から吸収され新しい若い葉や茎などの分裂組織に移行し、葉や茎の伸長を促進する働きをします。

ところが、タンパク質合成の過程でDNAの合成、RNAの合成がありますが、これに亜鉛が

表13・1　必須多量要素と必須微量要素
（植物の生育に必要な元素）

必須多量要素（9元素）	
	炭素，酸素，水素，窒素，リン，カリウム マグネシウム，カルシウム，硫黄
必須微量要素（含有率0.01%以下7元素）	
	鉄，塩素，ホウ素，銅，マンガン，亜鉛，モリブデン

関与しており、亜鉛が欠乏するとDNA、RNAのこれらの働きが止まり、葉や茎の成長が抑制され、先端部の委縮や、枯れる現象が起こるのです。

植物の正常な生育にとって必要不可欠なミネラル成分は表13・1に示されるように必須多量要素として窒素など九元素、また含有率〇・〇一パーセント以下の必須微量要素が、鉄やマンガンなど七元素がありま す。これらの成分は植物の窒素・リン、カリウムを均等に必要とする発芽から成長期、リンの必要性が高まる花芽や花期の生殖期、カリウムが多少、カルシウムがしっかりと必要な結実期と、生育過程によってそれぞれのミネラル成分が要求されます。

またそれぞれの生育期により、亜鉛や銅などの必須微量要素以外にもニッケル、ヨウ素、コバルトやバナジウムなども微量ではありますが重要性のある成分です。しかし、微量ミネラル成分の中には、必要ではあるものの、その働きの作用がわからないものもあります。これらのミネラル成分は植物の生育にとって必要とされているものですが、良好な土壌微生物の活性環境をつくるにも微量なミネラルが必要ですが、従来の農作物生産では、その視点が欠落していました。表13・2に植物の生育に必要なおもな元素の働きと欠乏・過剰によって起こる現象について示しました。

化学肥料に頼った施肥では植物に必要な微量元素が不足しがちであり、土壌微生物に必要なミネラル成分も不足します。堆肥中には多種のミネラル成分が含まれており、植物にとっても、土壌微生物にとっても優れたミネラル供給源なのです。もちろん堆肥はアンモニアが検出されない完熟堆肥でなければならないことはいうまでもありません。このアンモニアのことが農業生産者にも、営農指導者にも理解されていないことは残念でなりません。

表 13・2　植物の生育に必要なおもな元素の働きと欠乏・過剰によって起こる現象

元　素	働　き	欠　乏	過　剰
窒素（N）	窒素同化作用．各種アミノ酸をつくりタンパク質を合成します．葉・茎・根の生育を促進します．	全体的に萎化現象が起こり，緑色が薄くなり，葉は黄色を帯びます．窒素欠乏により光合成能力が弱くなり，核酸やタンパク質合成能力が低下します．	葉の緑色が濃くなり，生育が旺盛で花や実が付きにくくなります．光合成で生産された炭水化物は，タンパク質合成への利用が多くなり，軟弱化し，病気への抵抗性が弱くなります．ウイルスに対する感受性が高くなり，ウイルス病に罹りやすくなります．硝酸イオン（NO_3^-）が葉中に多くなり，品質低下を招きます．
リン（P）	オルトリン酸イオン（PO_4^{3-}）の形態で吸収されます．植物の細胞を構成する成分で，生体内の炭素代謝，エネルギー代謝に関与します．花芽分化，結実肥大の促進にかかわります．	野菜によるが，葉の色が旧葉から光沢のない濃緑色あるいは赤紫色になります．新芽やランナーの発生・成長が低下します．果実成熟の遅れが起こります．	一般には過剰障害は出にくいといわれています．鉄，亜鉛，銅の吸収を妨げます．言い換えればこれらのミネラルの欠乏症を助長することになります．
カリウム（K）	イオンの形で吸収され，植物体内のさまざまな化学反応を進める進行役のような役目をしています．	タンパク質合成がうまく行かず，体内のアンモニアや硝酸などの可溶性窒素化合物の増加をもたらします．炭酸同化作用（光合成）はカリウムが不足すると進みません．ビタミン類や，抗酸化物質類の合成もまた進みません．	多量に施用しても過剰障害は起こりにくいですが，不良環境条件下ではマグネシウム，カルシウムの吸収阻害の例もあります．

カルシウム（Ca）	ミトコンドリアの活性維持，光合成産物の転流に関与しています．また細胞内各種膜構造体，核形成そのものに構成材料として必須です．	トマトやピーマンなどでは幼果のうちに花落ち部分が黒化する尻腐れが起こります．白菜，キャベツなどでは内葉の緑縁が黒変，萎縮枯死します． 高温時水分が少ないときにカルシウム吸収が阻害されて，葉先が焼けたようなチップバーン現象が起きます．	土壌がアルカリ性になり，モリブデン以外の微量ミネラルの溶解度が低くなり，微量ミネラル欠乏症となります．とくにマンガン，亜鉛，ホウ素の欠乏症が起こりやすいです． カルシウムは直接的な過剰障害はほとんどありません．
マグネシウム（Mg）	光合成の葉緑素の構成要素であるクロロフィルの重要な構成成分です． 酵素の活性化，細胞 pH 調整などにも関与します．	葉緑素の形成ができなくなり，葉脈間の葉が黄化します．とくにイチゴに起こりやすいです．	根の発育の活性化を阻害します．
硫　黄（S）	硫酸イオン（SO_4^{2-}）の形で吸収され，体内還元され，有機硫黄化合物に変わります．植物体中の酸化・還元や成長の調整作用に関与します．タンパク質，アミノ酸，ビタミンなど主要な化合物の構成成分でもあります．	アミノ酸合成，タンパク質合成が妨げられます．葉の黄色化，とくに下葉，旧葉から黄色して枯れます．	硫黄そのものの過剰症は発生しません． 直接的ではないですが，土壌中に硫酸塩が多くなると酸性化します．

（つづく）

表 13・2　植物の生育に必要なおもな元素の働きと欠乏・過剰によって起こる現象

元　素	働　き	欠　乏	過　剰
鉄 (Fe)	植物は二価 (Fe^{2+}), 三価 (Fe^{3+}) の形で吸収します. 体内では鉄ポルフィリンの形 (ヘムタンパク) で存在します. ポルフィリン合成に関与します.	鉄の欠乏はクロロフィルの生成が妨げられますが, クロロフィルの構成成分ではありません. 成長点 (新葉) が黄白色化します.	植物には, 直接的な鉄過剰症は通常ありません. 土壌中の過剰の鉄はリン酸固定力を高め, 植物のリンの吸収を弱めます.
マンガン (Mn)	二価イオン (Mn^{2+}) の形で吸収されます. マンガンは葉緑の60%以上が葉緑体中に存在し, 光合成過程での水の光分解による酸素発生に関与します.	クロロフィルの形成が妨げられます. したがって光合成が盛んな成葉の葉先から黄化現象がでます.	ウリ科の植物では, 葉脈や葉柄が黒く褐変が起きます. ナス科では斑点が生じます. ほうれん草などは葉緑の黄色化現象が起こります.
銅 (Cu)	植物は一価 (Cu^{+}), 二価 (Cu^{2+}) の形で吸収されます. 葉緑体中に多く, 光合成や呼吸に関与する酵素に含まれ, 呼吸作用にかかわります. 生体内で分子状酸素の運搬や電子伝達系に関与しています. ポリフェノールオキシダーゼ, アスコルビン酸オキシダーゼなどがあります. リンゴの皮をむくと褐色になるのは, このポリフェノールオキシダーゼなどの銅酵素の働きによるものです.	銅欠乏により光合成作用が弱くなります. また植物によって症状は異なりますが, 新芽の黄白色化が起こり, 新葉の成長が悪くなります.	過剰の銅は根に蓄積し, 根の呼吸を阻害し, 伸長が極度に悪くなるとともに, 二次的に他の養分の吸収も阻害します. 地上部へはほとんど移行しません. 豚や鶏 (ブロイラー) には銅添加の飼料を与えることが多く, 排せつ, ふん尿の堆肥化により, 農地土壌の銅含量が高くなっているケースが多々あります. このような堆肥の施肥は, 銅の蓄積に注意する必要があります.

ホウ素（B）	ホウ酸イオン（BO_3^-）として吸収されます．ホウ素は細胞壁のペクチン質で機能しています．細胞壁成分であるリグニン，ペクチンの形成や糖の移行に関係します．また水分代謝，炭水化物代謝やタンパク質代謝にも関係し，根や新芽の生育を促進します．	欠乏すると細胞壁のペクチン質構造に変化が起こり，根におけるカルシウムの吸収が悪くなり，成長が著しく阻害されます．また新葉の生育が止まり，茎や果実に亀裂が入るなどの障害が起こります．	過剰症では葉縁部から異常が発生して枯死しますが，障害は下位葉より生じます． ほうれん草，トマト，きゅうりなどでは白化現象も見られます．
亜　鉛（Zn）	亜鉛イオン（Zn^{2+}）として吸収します．葉緑素の形成，β-インドール酢酸の生成に関与しているとされますが，不明な点が多いです．	野菜では，亜鉛の欠乏は通常は起こりません．特殊な地域や作物に限定されます．	鉄欠乏症の誘発現象として，新葉の黄化などが現れます．イチゴや大豆では葉脈の赤紫色化が起きます．養豚や鶏の飼料などに発育促進剤として亜鉛や銅を混入しているケースがあり，その排せつ物堆肥の施肥には注意が必要です．
モリブデン（Mo）	モリブデンイオン（MO^{2+}）として吸収します．アミノ酸やビタミンCなどの合成に関与します．	酸性土壌では不溶性であるため，新開墾の畑で，かつ酸性土壌のときに欠乏症が現れます． 有機堆肥などを施肥すると回復するようです．	野菜類にはモリブデンの過剰による障害はほとんどありません．しかし牧草地では，モリブデン高濃度の牧草飼料を牛に与えると，下痢などのモリブデン中毒を起こします．

（つづく）

表13・2　植物の生育に必要なおもな元素の働きと欠乏・過剰によって起こる現象

元　素	働　き	欠　乏	過　剰
ニッケル（Ni）	ニッケルイオン（Ni^{2+}）として吸収します．肥料の尿素を生体内で加水分解してアンモニアにするウレアーゼ活性の発現に必要であるとされています．そのほかカルボキシラーゼやトリプシンなどの酵素系を活性化します．		
塩　素（Cl）	必須元素ですが，生理的作用はわかっていない面が多いようです．光合成で水の光分解でマンガンとともに関与しています．		土壌中に塩分が過剰に存在すると，土壌溶液の浸透圧が増加して根の吸水機能が低下し，作物が水分不足の状態となります．　また土壌からナトリウムや塩化物イオンを異常に吸収したり，カリウムやカルシウムの吸収が阻害され，作物の正常な栄養と代謝に異常をきたします． 塩害は塩素の過剰摂取ではなく，塩類の高濃度障害のことをいいます．
ナトリウム（Na）	植物では必須ではありませんが，植物の中にはナトリウムを吸収することによって，生育の良くなるものがあります．その効果はカリウムの供給が十分でないときに現れやすいです．植物体内ではカリウムの代わりに浸透圧に関与し，保水力，吸水力にかかわり，生育が良くなります．		

14

土壌も野菜も硝酸濃度が基本

——現状は窒素過剰施肥生産——

植物は根から吸水と同時に、窒素、リンやカルシウム、マグネシウム、カリウムなど種々の可溶性無機成分を取り込んでいます。取り込まれた窒素（硝酸イオンの形で）は葉で硝酸還元酵素や亜硝酸還元酵素の働きでアンモニア（NH_4^+）に還元され→グルタミンとなり→さまざまなアミノ酸類がつくられます。さらに種々の有機酸とアミノ酸が反応しタンパク質、核酸、ATP（アデノシン三リン酸）などのタンパク質合成が進みます。いわゆる窒素同化作用です。

植物は適度な硝酸を養分として、日光が十分にあたる環境では光合成でつくられたデンプンなどの糖類をエネルギーとして窒素同化作用がうまく行われ、タンパク質合成が順調に進み、葉内に残る硝酸態窒素量はきわめて少なくなります。しかし、土壌中の硝酸態窒素が多い場合、過剰に硝酸を吸上げ、光合成でできたグルコースなどの炭水化物が窒素同化作用のエネルギーとして多く消費され、糖分が少なくなり、糖度が低く甘さがなくなります。野菜類は緑色濃く青々として、一見良質のものに見えますが実際はおいしくないのです。

雨降りや曇天続きで日光が不足したときも同様に葉中に硝酸が残り、おいしくなく、また腐りやすいのです（図14・1）。

このように、硝酸態窒素過剰の農作物は害虫がつきやすく、病気にかかりやすく、品質が低下し、ビタミンCなどの機能性成分の栄養分が少なくなり、また食味がよくありません。貯蔵性も悪くなります。いわゆる腐りやすく、日持ちが悪くなります。

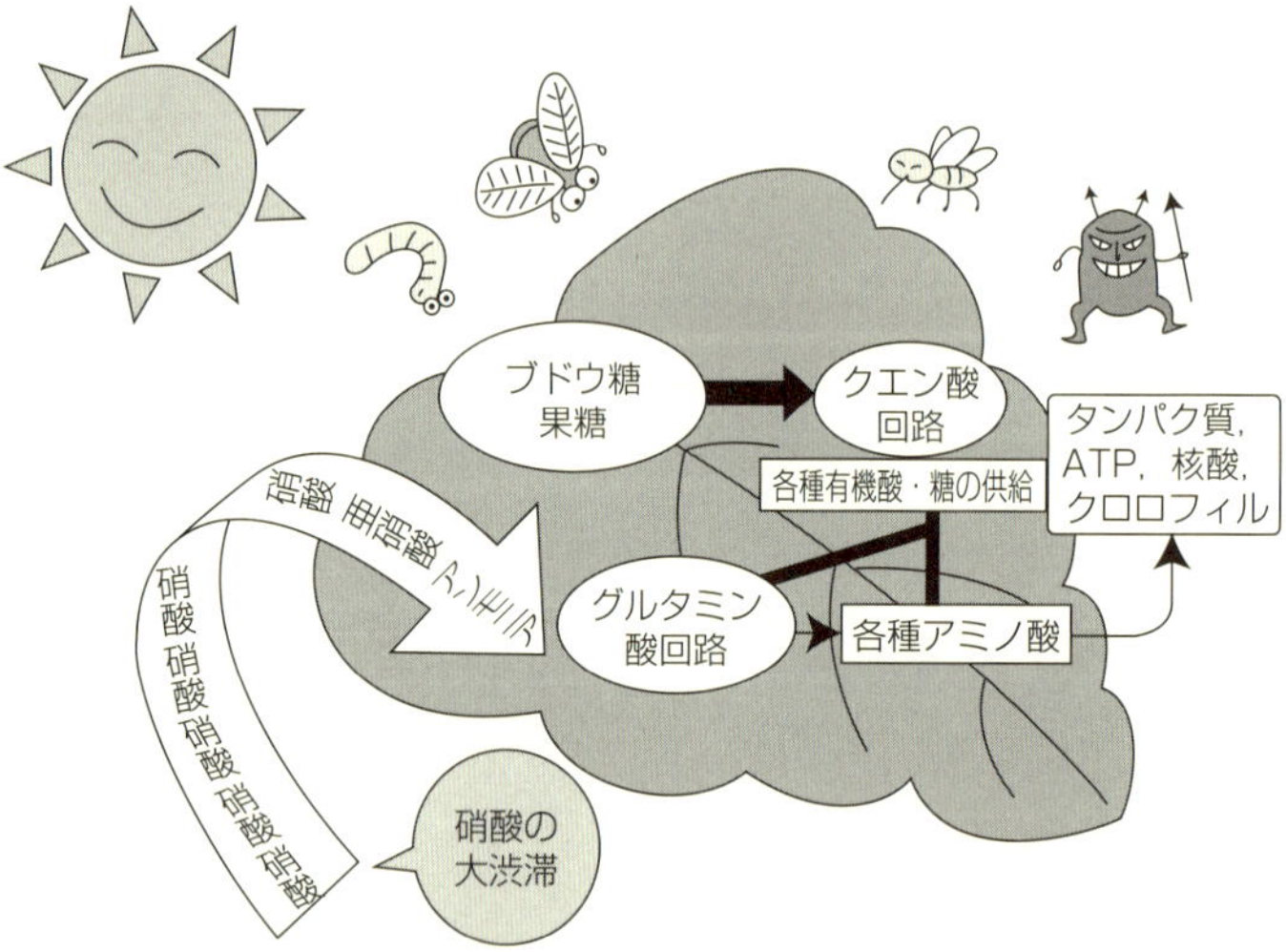

図14・1　窒素同化作用と硝酸の滞留は虫をよぶ

15

日本は窒素超過剰国

家畜排せつ物に含まれる窒素の流れは、これまでの調査結果から試算すると、二〇〇四（平成一六）年の時点で、概ね三分の一が大気中へ揮散し、三分の二が土壌改良資材や肥料として農地で還元利用されていると試算されています。

農水省畜産企画課の調査（二〇〇四年）によりますと、全国の家畜排せつ物の発生量は、窒素量に換算して年間約七〇万トンと推定されている。このうち、畜舎内や処理・保管の過程で大気中に揮散するのが約二一万トン、堆肥化などにより農地に還元利用されるのが約四七万トン、汚水物を浄化して放流されるものや、その他で二万トンと試算されています。

この関係を図15・1に示しました。

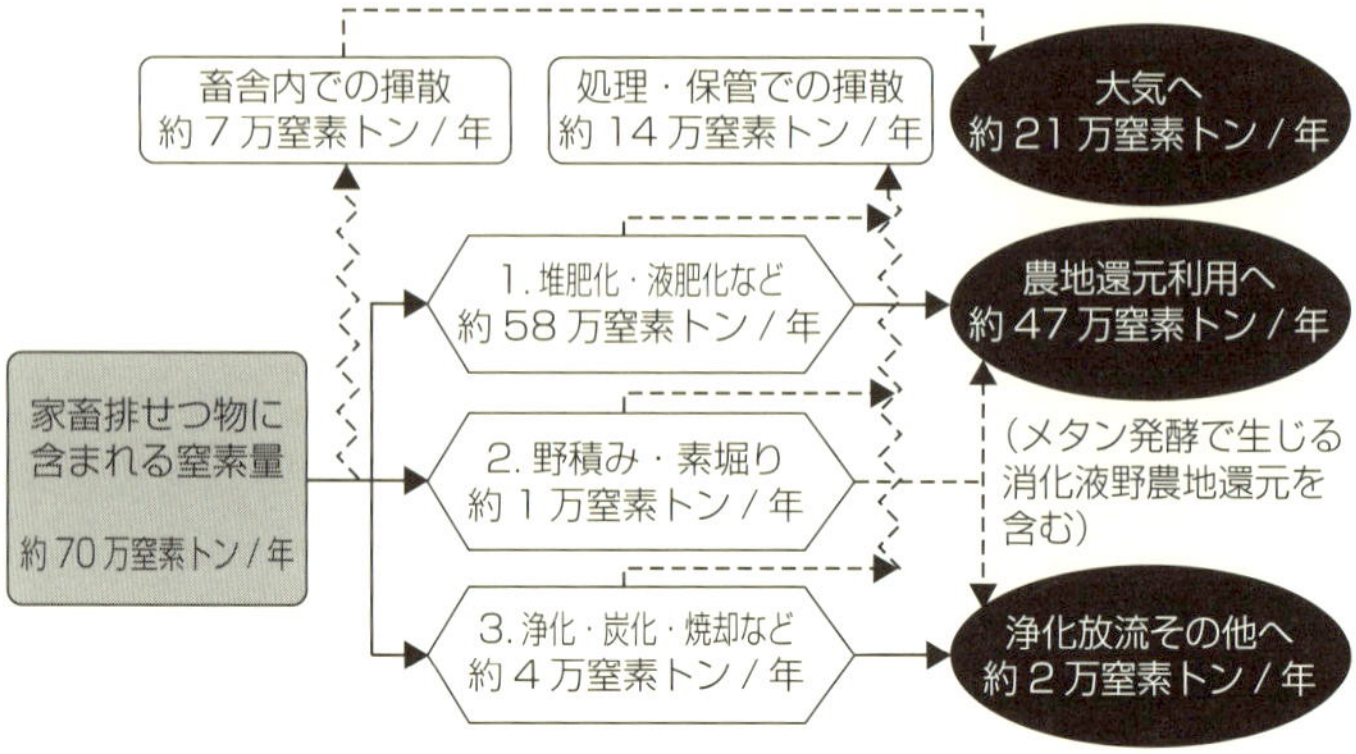

図15・1　家畜排泄物に含まれる窒素の流れ（2004年時点推計値）
[農水省資料（生産局畜産環境対策課），http://www.maff.go.jp]

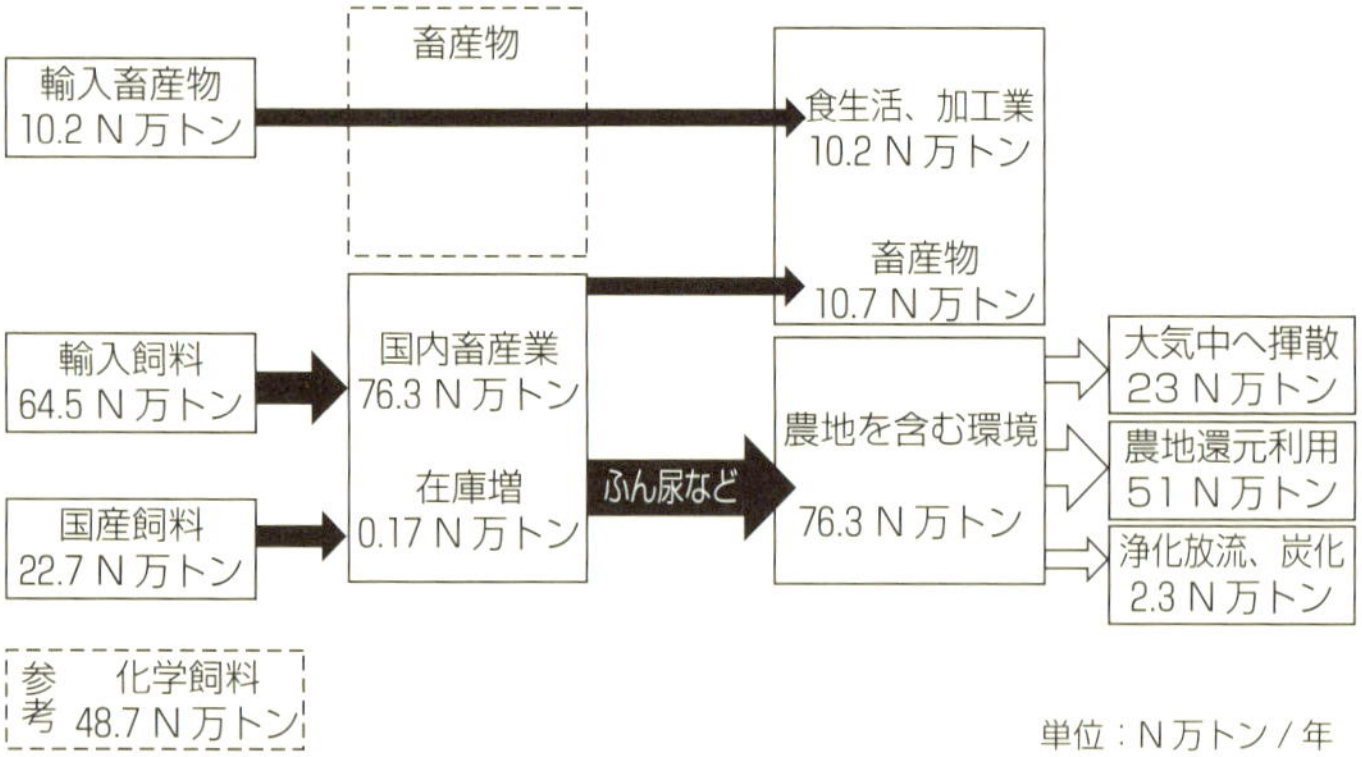

図15・2　国内畜産業の窒素収支（2000年）
[日本水土総合研究所，“水土の知を語る VOl.8 物質循環を考える―その3”，p.138を加筆修正]

図15・2に二〇〇〇年のデータをもとに、国内畜産業における窒素の収支について示したものです。国内の畜産業から出るふん尿などの畜産排せつ物量は七六N万トン／年で、約二三N万トンが畜舎内や保管、野積み、堆肥化の過程で大気中に揮散します。農地に堆肥などで還元されるのが五一N万トン／年で、そのほか鶏ふんなどのように炭化されるものや浄化されて放流する量が二・三N万トン／年です。農地から作物へ吸収される窒素量は約四八・四万トン／年とされていいます。量的にはすでに三万トン近い量が過剰となっているのです。また化学肥料の施肥量が四八・七N万トン／年であることを考えますと、おおよそ作物が吸収できる窒素量の二倍の量が農地に投入されていることになります。

家畜飼料の自給率は、二〇〇九年の場合二五

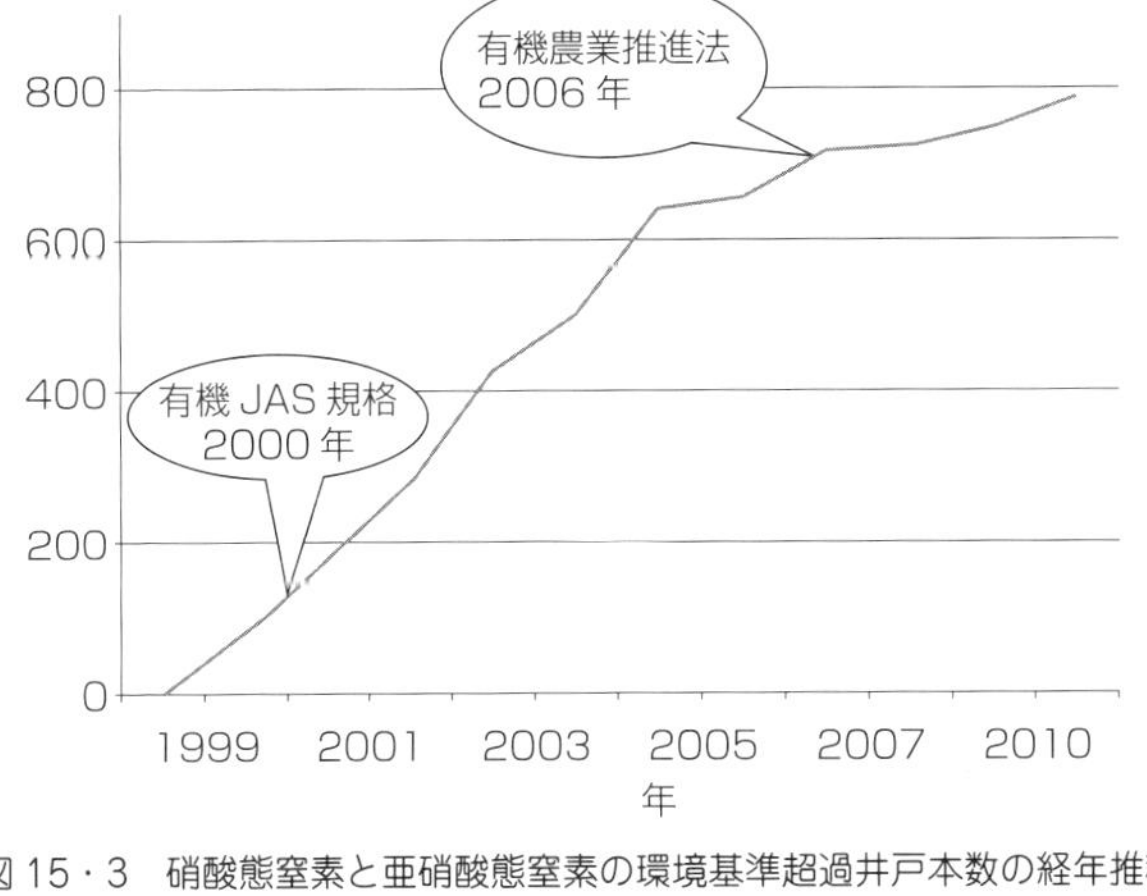

図15・3　硝酸態窒素と亜硝酸態窒素の環境基準超過井戸本数の経年推移

パーセントで、七五パーセントは輸入です。したがって膨大な量の窒素を輸入し、その家畜の排せつ物を農地などに投入し、国内の環境は年々悪化され窒素が超過剰に蓄積された状態に陥っています。

さらに窒素の農地還元において二つの深刻な問題があります。

第一は、日本の圃場には腐敗物同様の不完熟な家畜排せつ物堆肥や重金属汚染が懸念される下水汚泥が農地に投入されていることです。つまり農地が家畜排せつ物や下水汚泥の投棄場になっていることなのです。地下水の硝酸や亜硝酸による汚染（図15・3）、河川へのアンモニアや硝酸態窒素の流入による富栄養化、そして投棄圃場での外来植物の繁茂、微生物を含めた生態系への影響は計り知れないのです。また、大気中へ放出される窒素は再び地上に窒素固定されるだけでなく、一酸化二窒素（N_2O）などの地球温暖化への寄与率の高い物質へと変換します。そのほか窒素酸化物は酸性雨の原因にもなります。

第二の深刻な問題は、有機堆肥を用いる圃場の土壌の適正管理がなされていない場合が多いことです。作付け前に土壌の成分分析を行い、目的作物ごとの施肥設計が十分でないことです。また堆肥もできるたびに成分分析しているケースがほとんどないことです。しかも高い濃度のアンモニアが残っている状態で施肥されることです。不完熟堆肥や家畜排せつ物を直接圃場に未分解のアンモニア状態のものも窒素肥料として正確な肥料成分計算をしないまま投入していることです。腐敗物は微生物による分解で徐々にタンパク質はアンモニア↓亜硝酸↓硝酸になります。その間揮散するアンモニア、インドール、スカトール、酪酸などのにおいに誘因されて害虫や病原菌が寄ってきます（図16・1参照）。

これ以上有機農業推進の名目で、日本の大切な圃場を下水汚泥や畜産排せつ物の投棄場化してはなりません。取り返しのつかない不健康土壌となり、健康なおいしい野菜は生産できなくなります。

有機農業の基本は科学的に検証された完熟堆肥と、その堆肥と土壌の成分分析が必須で、不足しているミネラル成分は化成肥料やミネラル副資材で補うことです。

霜多増雄の失敗学

著者の㈱シモタファームの研究室も 2011 年 3 月 11 日の東日本大震災でイオンクロマトグラフ装置，分光光度計などの分析装置，精製水製造装置，パソコンのすべてが大きく破損し，修理点検，新規購入などのため 5ヶ月間，堆肥，土壌，野菜・ハーブの分析ができない状態が続きました．その間，昨年の分析データと従来からの経験と感を頼りに作付けを行いましたが，小松菜などの野菜の硝酸イオン濃度が平常時より相当高い 3000 ～ 4500 mg/kg となった圃場も数ヶ所出ました．もちろんうま味も良くありません．苦みを感じるものもありました．科学分析とその評価なしの経験と感を頼りの野菜づくりの「いい加減さと怖さ」を，身をもって体験しました．そして過去の分析データの蓄積への過信も災いしました．

この失敗を通じて，堆肥，土壌の分析データがない野菜づくりが，姿・形以外はいかにいい加減な野菜ができているか，随時の分析とその評価がどれほど大事なことかを痛感しました．従来の化学肥料をベースとした慣行農法と違い，有機農業には堆肥と土壌の分析データが不可欠なのです．

でも日本の農業のほとんどが経験と感なのです．しかも，有機農業推進法によって有機栽培に大きく転換したのはいいのですが，分析データなしの野菜づくりは，スピードメーターも燃料メーターも壊れた自動車を感を頼りに運転しているようなものです．日本の多くの野菜の畑は窒素過剰，必須要素のバランスが崩れ，施肥設計が困難な状況になりつつあります．土壌が壊れ改質が難しい不健康な畑が多くなっています．

多くの野菜生産農家は土壌の異常な状況を実感として捉えています．そして，有機農業推進の負の結果が将来の農業生産へもたらす不安を語り始めました．

農業生産者に種々の補助金が支払われていますが，失敗学から，その一部が堆肥や耕作土壌，作物の科学分析費に使われるような制度ができることが大事であることを学びました．

16

不健康な土壌、不健康な野菜には害虫や病気が多い

作物栽培の現場では耕作土壌の殺菌に始まり、減化学肥料の不足分を、有機肥料として不完熟な堆肥を施すという作物生産が行われています。有機肥料として完熟堆肥化されないまま、ときには生のままの鶏ふんなどが耕作土壌に直接投入されることも多いのです。もちろん科学分析はされていません。

土壌殺菌された後、分解菌がない土壌に腐敗物同様の堆肥が投入されることは土壌を悪化させるのみです。畑には腐敗有機質のにおいに誘われて害虫が多くやってきます。つまり、そのような腐熟度の低い未完熟な堆肥が施肥された土壌では、嫌気的微生物代謝による腐敗が起こっているのです。その腐敗ガスはふん便の臭い成分、腐敗アミンであるインドール、スカトール、プト

レスシンを、毒性のあるフェノール類、また脂肪とタンパク質が分解してアンモニア、硫化水素、硫化メチル、メチルメルカプタン、n-吉草酸や酪酸なども生成します。インドール、スカトールは昆虫を引きつけ産卵する場所となるのです。アンモニアは蚊、ブユ、アブ、ヌカカなどの吸血昆虫を引きつけ産卵を促します。酪酸はコメツキムシの性誘因物質で、その幼虫はハリガネムシです。ふん尿が撒かれた畑のにおいはイエバエ、キャベツバエ、ニンジンバエ、タマネギバエなどの種々の害虫を誘引し産卵を促し、そして作物を食害するのです。そのような不完熟堆肥には、植物や人への病原性細菌も残っています。

家畜排せつ物を厩肥としてそのまま施肥

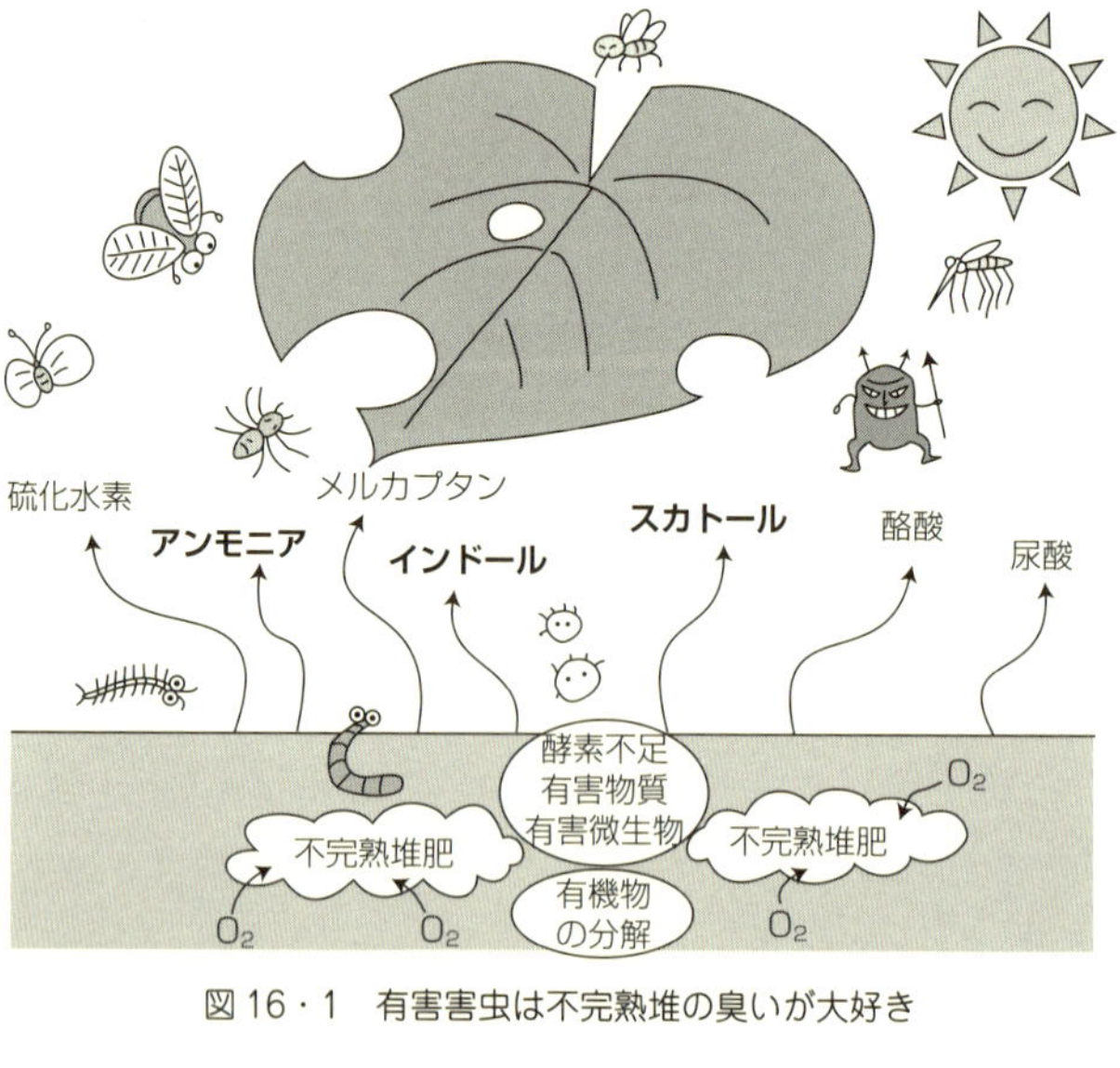

図 16・1　有害害虫は不完熟堆の臭いが大好き

(a) (2009.11.23)
圃場：良質完熟堆肥(アンモニア不検出)

(b) (2009.11.23)
圃場：不完熟堆肥

図 16・2　キャベツの完熟堆肥栽培，農薬散布なし(a)と，不完熟堆肥栽培，害虫の食害が激しい(b)
場所：茨城県取手市．キャベツ(a)と(b)の圃場間の距離は約 150 m.

(a) (2009.11.23)
圃場：良質完熟堆肥(アンモニア不検出)

(b) (2009.11.23)
圃場：不完熟堆肥

図 16・3　白菜の完熟堆肥栽培，農薬散布なし(a)と，不完熟堆肥栽培，害虫の食害が激しい(b)
場所：茨城県取手市．白菜(a)と(b)の圃場間の距離は約 150 m.

する、あるいは腐敗物同様の堆肥を施肥することは、害虫や病気を誘引し、高価な農薬を作業者の健康への影響を気にしながら散布するための仕事を増やし、経済的出費をしていることにほかならないということに多くの農家は気がついていないのです。またそのような厩肥の畑には多種の外来植物が繁茂し、除草剤を使うか、除草に多くの人手を要し費用も多くかかります。

有機農業は完熟堆肥が基本で、堆肥と土壌の化学成分分析をしたうえで、目的作物に合った施肥設計をし「健康な耕作土壌」をつくることが大事です。

関東ローム層土壌の同一地点で、完熟堆肥を使い無農薬で二〇年近く栽培を続けている圃場と、有機栽培にこだわってはいるが不完熟堆肥を使い続けている圃場のキャベツ（図16・2(a)、(b)）と白菜（図16・3(a)、(b)）について、害虫による食害状況をみた写真から如実にその差がわかります。

17

農薬散布と農薬消防士シンドローム

私たち誰もが農薬による健康影響を心配し、汚染されていない安全性の高い野菜や果物を求めます。一方では農薬を使って、害虫や病気そして雑草から農作物を守り、安全なものを安定的に供給されることも大事です。とはいえ、人手による少ない労力で害虫や病気を防除し、雑草を取り品質の良い作物を生産し続けることは困難です。米も小麦も、野菜・果物もひどい冷害や雨が降らず高温続きによる障害は別として、農薬による病害虫防除対策が施されて安定的に供給され、安心して食料を買い求め日常生活を送っています。

しかし、健康な圃場で健康な作物が育つようであれば、農薬の散布量も、回数も少なく残留性を心配するようなことは起こらないのです。ところが土壌殺菌に始まり、過剰な施肥、とくに不完熟な有機堆肥によって、作物を育ててくれる土壌の機能を考えないで不健康な圃場をつくり続けているのです。そのような不健康な土壌で一定の品質を保ちつつ、一定の収穫量を得ようとするには農薬という「くすり」に頼らざるを得なくなるのです。

農業生産者は必要量より過剰の肥料を施肥し、高価な農薬を作業者の健康を心配しながら必要回数以上に散布していますが、その経済的出費も大変なものです。本来の健康な土壌であればさらに農薬は少なくてすむのです。この点が重要な問題点です。

もう一つ農薬に頼らざるを得ない要因は、人手不足と農業者の高齢化など、少ない労力で一定の効果が得られる点なのです。

農薬は目的とした害虫や病原菌を効率よく殺します。ところが必要養分の吸収阻害が起こり、必要元素の欠乏や、植物のタンパク質を合成する機能の代謝を阻害してしまいます。また代謝の阻害は植物体内の硝酸濃度も高めます。農薬と硝酸については及川紀久雄 監修、霜多増雄 著『科学でわかった 安全で健康な野菜はおいしい』の71～72ページに、詳細に実験データを示しています。そして農薬原病の発現により植物の健康状態は低下します。そこで再び農薬を散布します。この繰り返しなのです。いわゆる「農薬消防士シンドローム」になってしまうわけです。

作物栽培にとって農薬は頼みの綱なのですが、同じ薬剤を使い続けていると害虫にもよりますが薬剤効果が低くなる、いわゆる「薬剤抵抗性」が出てくることは多くの生産者は知っていま

害虫や病原菌は不健康な農作物が大好き

害虫が好んでとりつく作物の体内には水溶性のアミノ酸，糖類，可溶性窒素などの無機養分が溜まっています．昆虫はタンパク質分解酵素がないため植物体内の異質タンパク質を養分にすることができず，水溶性のアミノ酸を摂取します．また水溶性の糖類も大好きです．病原菌も集まります，それゆえ，不健康な圃場の不健康な作物は害虫にとっておいしい食料なのです．

す。薬剤抵抗性の強い種は残り増殖します。そして生産者は、さらに強力な薬剤を求めます。薬剤処理された植物を食べるとダニやアブラムシなどの生命力、受胎力はますます強くなり、雌の比率も増加します。そしてさらに、それ以上に強い農薬が開発されます。それでも、生産効率と表面的な形の品質を保とうとするため農薬に頼ってしまいます。農薬消防士シンドロームで作物は農薬中毒となり、植物体の生理に変化が起こり微量要素の欠乏を生じ、可溶性窒素やアミノ酸類が葉に多く溜まり害虫や病原菌が寄ってきます。もちろんおいしくない、機能性成分の少ない作物となるのです。

農薬散布によって害虫の天敵が減少します。弱い競争種の害虫は除去できますが、強い害虫が残り、ますます増殖力が上昇し、また殺虫剤抵抗性の強い害虫が出てきます。まさしく農薬消防士シンドローム状態なのです。

Ⅳ

おいしい野菜をつくるキーワードは、アンモニアと硝酸

18

健康な土壌は、健康な完熟堆肥づくりから

「有機野菜」として市場に出ている多くの野菜は、栽培に用いた「有機堆肥の品質」が明確でないものがほとんどです。

本物の有機堆肥とは、アンモニアが検出されない良質の土のような完熟堆肥です。完熟堆肥の判定は、堆肥中にアンモニアが検出されなくなり、窒素成分（N）はすべて硝酸になっていること、堆肥の温度が外気と同じであり、堆肥中の酸素濃度は大気中酸素濃度と同じ二一パーセントであることが必須条件です。そのような堆肥は土のようにさらさらして、きらきら光るきれいさをもっています（図18・1）。

では、完熟堆肥化の工程を見てみましょう。

● 完熟堆肥の工程

完熟に至る工程日数は通常春季から夏季で九〇日から一〇〇日を、秋季から冬季では外気温にもよるが一二〇日から一五〇日を要します。

【1】一次発酵処理　二〇～三〇日間発酵（通気、切り返しを繰り返す）。

好気性細菌の増殖が活発となり温度が上昇、さらに好気性好熱細菌群が働き堆肥中の温度が七〇～八〇℃*になる。

人や植物の病原性細菌、抗生物質耐性菌、原虫、回虫、条虫、糞線虫などの寄生虫、ウイルスが死滅、雑草などの植物種子も死滅。

【2】二次発酵処理

一次発酵処理での未分解物質の分解（通気、切り返しを繰り返す）。

【3】養生工程

微生物発酵が安定化、ときどき切り返し。

【4】完熟堆肥のでき上がり（九〇～一二〇日）

アンモニアが検出されない、窒素分はすべて硝酸態になっている。

堆肥中の温度が外気温と同じになっている。

堆肥中の酸素濃度は大気中と同じ二一パーセントである。

＊70～80℃の発酵温度が2～3日必要で，有害な病原性細菌，抗生物質耐性菌や原虫，回虫などの死滅，雑草種子も死滅します．60℃付近までは糸状菌が，70℃付近までは放線菌が生育し，65℃以上の高温領域では古細菌，一部，真正細菌など総称好熱菌の増殖が活発となり80℃付近の高温にまで上昇，分解が進むと考えられます．

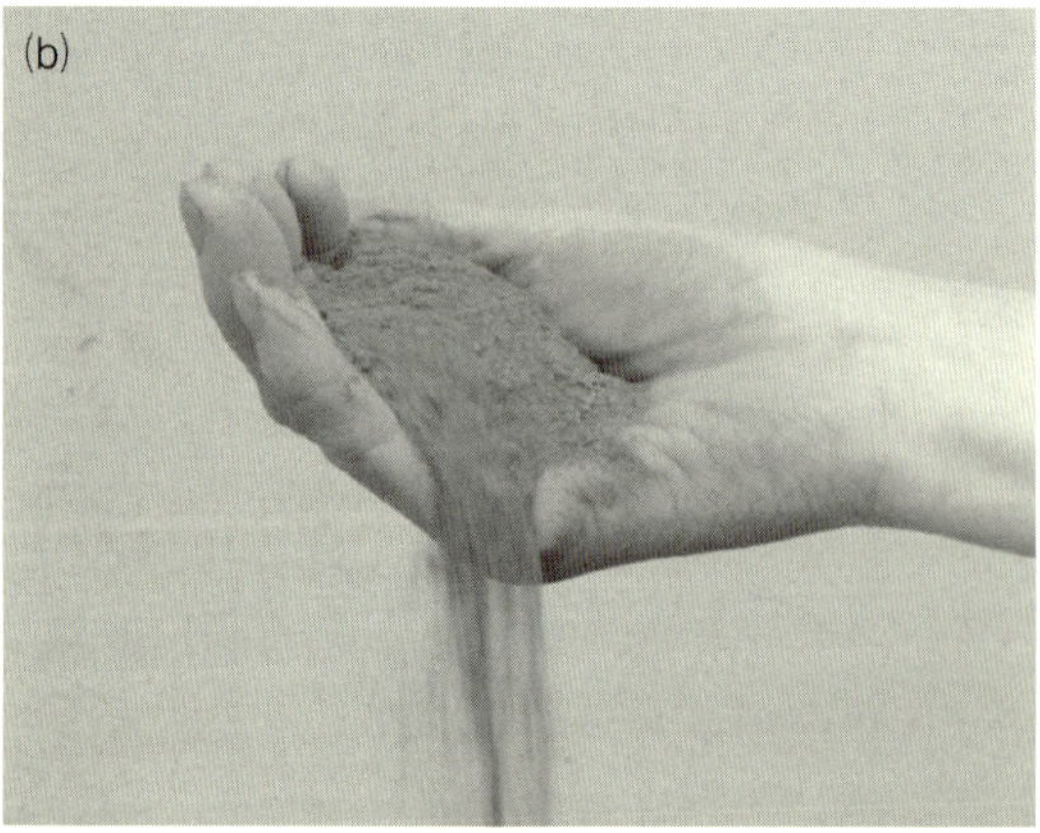

図 18・1　(株)シモタファームの完熟堆肥

(a)　セキレイなどの小鳥がやってきて砂遊びをしています．犬はさらさらした堆肥を体中に浴びて遊び，時には長い時間寝ています．

(b)　さらさらしたきれいな土のような完熟堆肥．農業のプロや，指導のプロの多くは，これは堆肥ではなくただの土だといいます．でも，成分分析すると全炭素率も含め組成は優良な堆肥です．有効微生物含量も多く含まれています．

家畜排せつ物の問題点

豚、鶏（ブロイラー）の排せつ物には、餌に混入される亜鉛、銅の重金属が含まれていることが多く、農地や環境の重金属汚染の懸念があります。したがって事前に成分分析を行い、それらの濃度と安全性を確認しておくことが大事です。また家畜飼育には種々の抗生物質が飼料とともに用いられることや、畜舎の害虫防除などに農薬などが使用され不完熟な堆肥ではそれらの化学物質が残留し、農地土壌の化学物質汚染、作物への吸収なども起こり問題となることがあります。また、家畜に「抗生物質」を使用していることが多く、テトラサイクリン、バンコマイシンなど多くの抗生物質の耐性菌が残存し、とくに抗生物質多剤耐性菌が恐ろしい問題です。作物から人への汚染が懸念されます（146ページのコラム参照）。

二〇一一年七月二五日、秋田県で市販の栃木県産腐葉土から、一キログラム当たり一一、〇〇〇ベクレルの放射性セシウムが検出されました。また同じ七月二五日、農水省は福島県に対し、牛の排せつ物を当分の間、譲渡や堆肥にすることを控えるよう通知を出しました。また、農水省は七月二六日、牛の排せつ物や落葉を原料にして、関東や東北地方一七都県でつくられた堆肥や腐葉土などについて、利用自粛を全都道府県に通知したのです。東日本を中心とした稲わらから高濃度の放射性セシウムが各地で検出され、牛の排せつ物や落葉も汚染されている可能性があるとしての判断です。その後、二〇一一年八月一日付で、肥料・土壌改良資材・培土に含まれることが許容される暫定最大値は、キログラム当たり四〇〇ベクレル以下と設定しました。

下水汚泥は用いてならない

下水汚泥は鉛、水銀、ヒ素、銅、亜鉛、鉄などの重金属や有害化学物質を含んでいることが多く、これらの重金属による農地汚染の事例があり、長野県飯山市など広大な農地が回復不可能となっている地域があります。二〇一一年三月、東京電力福島第一原子力発電所の水素爆発事故により放射性物質が拡散され、各地の下水汚泥から高濃度の放射性セシウムなどが検出されており、農水省は、汚泥を堆肥原料として使う場合の暫定基準を、原料汚泥中の放射性セシウム濃度が二〇〇ベクレル以下としています。

地方自治体は下水汚泥の最終処理として堆肥化を進めていますが、重金属や化学物質などで汚染されている可能性が高い汚物を圃場に施肥させることは、行政主導による廃棄物の不法に近い農地投棄にほかならないのです。東日本を中心とする各地の下水処理場の汚泥から放射性セシウムが検出されており、下水汚泥の堆肥化中止を指示した自治体もあります。もともと下水などの汚泥の堆肥化は絶対にあってはならないことなのです。産業廃棄物である下水汚泥の埋め立て処分場として市町村は農地を利用しているだけなのです。生産農家はそのような事情をわからないまま有機堆肥として受け入れているのです。

パルプチップ、おがくず、きのこ廃菌床、もみ殻などは堆肥資材として用いないほうがよい

剪定枝、パルプチップや廃菌床の主成分であるリグニン、セルロース系は一次発酵の好気性細菌、好熱菌でも未分解部分が多く残ります。温度が常温になるまでの分解時間は一年～数年を要します。輸入木材のおがくずには防腐剤が入っているものもあり、何年経っても分解しないケースがあります。もみ殻などはケイ酸質が多く分解には一年から、野積状態では三～五年を要します。そのため、通常の九〇～一〇〇日程度の堆肥化工程では分解されず、不完全熟の状態で残ります。一五〇日経過しても、もみ殻を入れた堆肥は熟成せず、五〇℃を下がらないケースもありました。

表 18・1　シモタファーム自家製堆肥と市販堆肥のイオン成分測定結果

水溶性陰イオンの測定結果　(mg/kg)

	Cl^-	NO_2^-	NO_3^-	PO_4^{3-}	SO_4^{2-}
S 農場堆肥	2600	−	14 000	300	6500
市販堆肥 A	7700	−	< 5	1000	1800
市販堆肥 B	2900	89	< 5	1200	1300
市販堆肥 C	160	−	< 5	11	21
市販堆肥 D	290	−	470	< 5	130
市販堆肥 E	6800	−	2600	380	1500
市販堆肥 F	23 000	−	250	17 000	3000

水溶性陽イオンの測定結果　(mg/kg)

	Na^+	NH_4^+	K^+	Mg^{2+}	Ca^{2+}
S 農場堆肥	1600	< 5	12000	2500	2600
市販堆肥 A	5000	1300	9400	1500	6900
市販堆肥 B	610	1200	6600	1700	17 000
市販堆肥 C	26	28	840	37	230
市販堆肥 D	26	< 5	870	51	210
市販堆肥 E	3300	1600	3800	110	410
市販堆肥 F	12 000	3500	24 000	5100	4500

堆肥の施肥

成分分析値が示された完熟堆肥を基本とし、不足成分は化成肥料、ミネラル副資材を使い補います。

しかし、著者（及川、霜多）は各地のホームセンターなどで市販されている有機堆肥を多数購入し分析しましたが、ほとんどのものがアンモニアを多く残存する熟成不十分なものでした。そして、肥料としての必要成分がほとんど含まれていない産業廃棄物と同様のものも多くありました。それらの分析結果の一部ですが表18・1に示しました。この不適切な堆肥が入った袋詰め「培土」も販売され、圃場や家庭菜園で使われているのです。

環境省は二〇一二年二月二四日付で、東北地方および関東地方における、一般家庭などで使用される薪や薪の灰の放射性セシウム濃度の調査結果を発表しました。それによると岩手県、宮城県、福島県および茨城県の一部の薪の灰から、キログラム当たり八〇〇〇ベクレルを超える放射能濃度が検出され、薪では最高値一四六〇ベクレル、灰では最高値二四〇、〇〇〇ベクレルでした。

このような汚染実態から、落葉にはさらに高レベルの放射性セシウムが残存していることが推察されます。落葉などを原料とする堆肥づくりや、その使用には、事前に放射能の測定をするなど、十分な注意が必要です。

ホームセンターやＪＡなどの堆肥販売業者は入荷ごとに、事前に堆肥の原材料組成比、完熟堆肥であることの科学的証明（たとえばアンモニアが検出されないこと）と随時出荷ロットごとの肥料成分分析結果（一〜二回／年の分析結果では不敵）、有害物質、放射性セシウム、人や作物の病原性細菌、抗生物質多剤耐性菌の有無の確認を取ってから店頭販売をすることが販売事業者としての当然のモラルであり責務です。

家畜ふん堆肥中に抗生物質多剤耐性菌

ときどき，複数の抗生物質が効かない緑膿菌，肺炎桿菌，大腸菌，セラチア，エンテロバクターなどの多剤耐性菌による感染患者が発生し，時には死亡者も出て問題となっています．

2003 年のデータですが，日本における抗生物質使用量は年間 2210 t で，そのうちの 830 t が動物用医薬品，230 t が飼料添加物（主として栄養吸収率を高め，成長促進効果のため）に使われています．小橋友里氏（現新潟県農業総合研究所畜産研究センター）が筑波大学で家畜ふん堆肥中の抗生物質耐性菌について研究を行いました．豚ふん堆肥を長年使用していた野菜畑土壌で抗生物質耐性細菌の調査を行ったところ，アンピシリン，カナマイシン，バンコマイシン，リファンピシン，クロラムフェニコール，テトラサイクリンの抗生物質耐性細菌が検出されました．家畜ふん堆肥を使用していない畑土壌と比較すると，全生菌数が 20 ～ 30 倍も多く，抗生物質耐性細菌数はどの抗生物質も 10 倍も高かったと，しかもアンシピリンを除くすべての抗生物質に耐性な高度多剤耐性菌であったと報告[1,2]しています．とくに不完熟な堆肥に多いのです．

不完熟堆肥が施肥された土壌中の抗生物質耐性菌が増殖し，植物根や降雨で跳ね上がった土壌とともに茎や葉に付着し，作物収穫 → 食べる → ヒトへ伝搬ということもたいへん懸念されています．事実，有機肥料や有機野菜からバンコマイシン耐性腸球菌（VRE）の検出例[3] があります．それだけに不完熟堆肥の施肥はあってはならないのです．多くの農家も市民も，このような実態を知らないのです．

1）Y. Kobashi, A. Hasebe, M. Nishino, *Micro Environ.*, **20**(1),（2005）.
2）Y. Kobashi, A. Hasebe, M. Nishino, *Micro Environ.*, **22**(1),（2007）.
3）後藤逸男ら，日本土壌肥料学雑誌，**73**,（2002）.

19

「野菜のチカラ」いっぱいの野菜づくり、その基本は科学

農作物生産の分野は新しい種子の開発、農薬の開発、バイオテクノロジー、遺伝子組換え（GM）作物の開発、耕作機械の進歩、電子技術を導入した農業、ハウス栽培技術、貯蔵・保存技術、宇宙衛星を用いた栽培管理などは著しい進歩を遂げています。

化学肥料と農薬に頼った大量生産、大量消費の長き時代を経過し、環境破壊と生態系維持の危機に遭遇、環境保全型農業へと舵を切り減農薬、減化学肥料、そして有機農業推進へと歩んできました。しかし、現状の有機農業は決して安全・安心が科学的に担保されていないことです。また慣行農法から脱しきれていない有機農業は必ずしも健康な土壌をつくることには繋がっていないことは先に述べた通りです。

種子を植え、新しい作物の生命を育てる母なる土壌は健康であることが第一です。健康な子どもを育てるには、まず母親が健康でなければならないことはいうまでもありません。同じことなのです。そのためには堆肥と土壌の科学成分分析をしたうえで、目的作物に合った施肥設計をすることが大事です。

著者の㈱シモタファームでは図19・1のようなイオンクロマトグラフ装置で土壌、肥料、生産された野菜やハーブについて陰イオンの塩化物イオン、硝酸イオン、亜硝酸イオン、硫酸イオン、リン酸イオンならびに陽イオンのアンモニウムイオン、ナトリウムイオン、カリウムイオン、カルシウムイオン、マグネシウムイオンを測定しています。とくに播種前に圃場ごとの土壌と堆肥分析は欠かせません。

図19・2は水菜、小松菜、ほうれん草の生育経過による葉の硝酸濃度の変化を見たものです。二〇〇五年四月

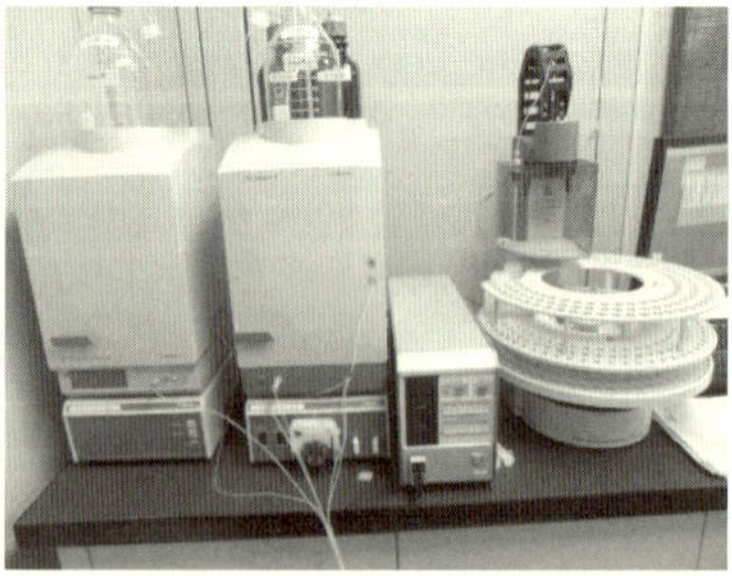

図19・1　(株)シモタファームでイオン種の日常分析に使っているイオンクロマトグラフ装置
陰イオン，陽イオン同時分析システム.

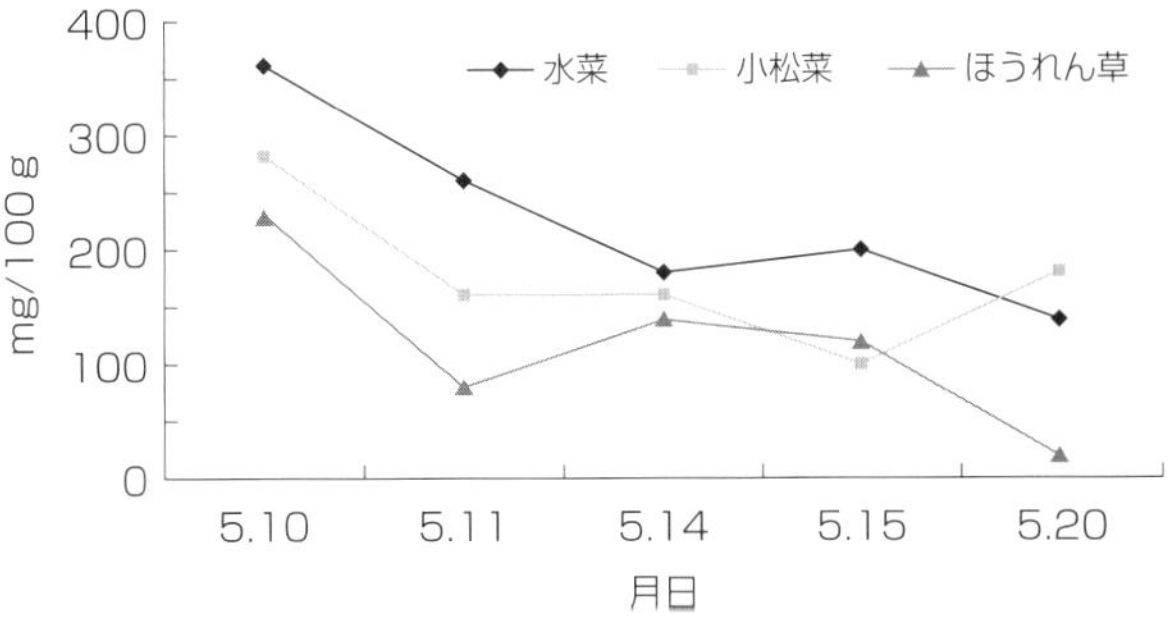

図 19・2　野菜の生育経過ごとの硝酸値の変化の例（(株)シモタファーム，2005 年）

一四日に水菜、小松菜、ほうれん草の種子を蒔き、二六日後の五月一〇日からの硝酸イオンを、イオンクロマトグラフ法で測定したものです。いずれの野菜も、硝酸濃度が生育日数の経過とともに減少しました。収穫・出荷の適時を知るためにもたいへん役立っております。

また機能性成分の総ポリフェノールやＯＲＡＣ法による抗酸化力を測定についても、図19・3に示される蛍光マイクロプレートリーダーを用い行っています。

図19・4(a)、(b)はＯＲＡＣ法で測定した㈱シモタファームの

図 19・3　マイクロプレートリーダ蛍光測定によるORAC法抗酸化測定装置（(株)シモタファーム）

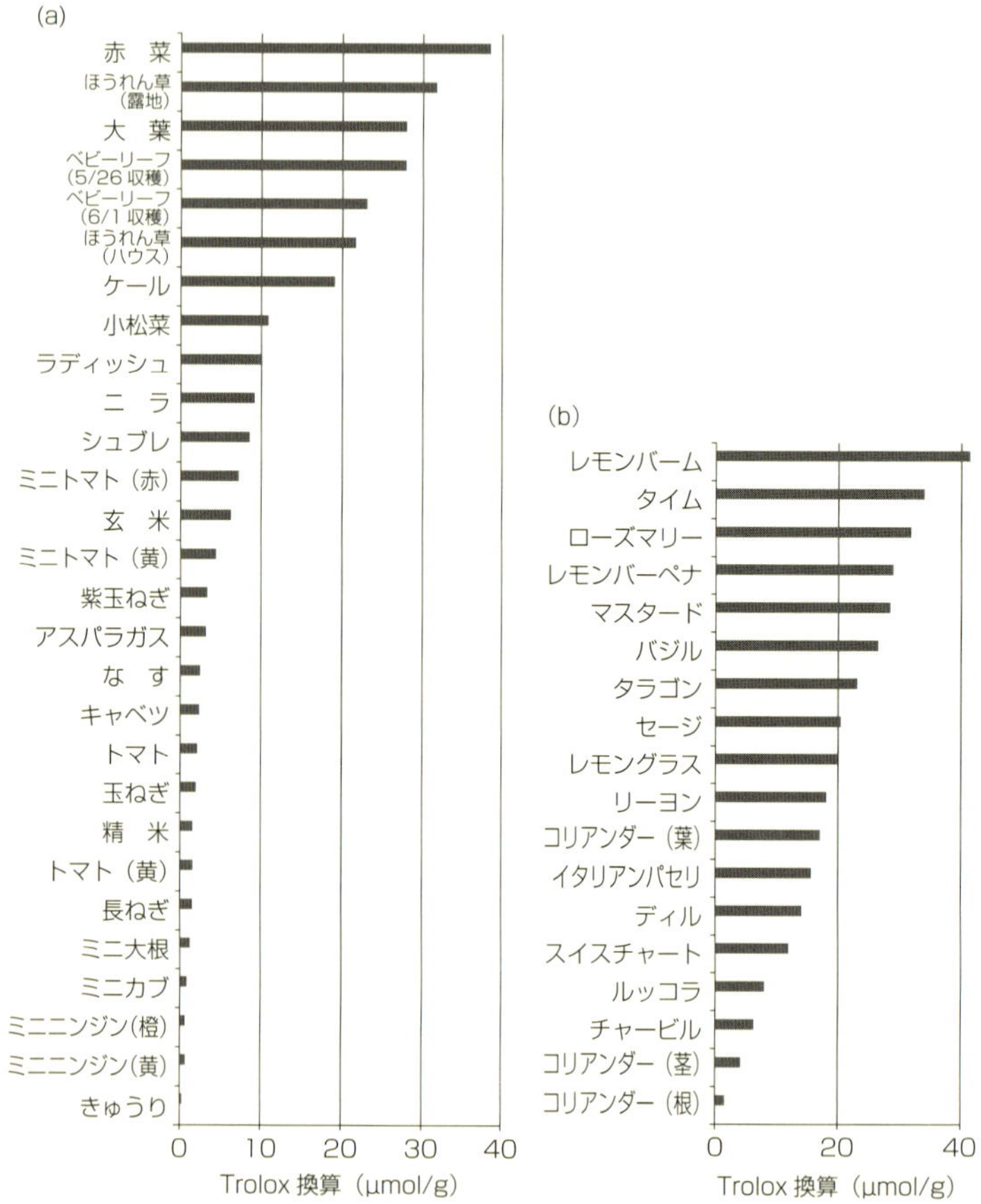

図 19・4　ORAC法による野菜(a)とハーブ(b)の抗酸化力比較（(株)シモタファーム）
収穫時期：2011 年 4 月 16 日～ 6 月 9 日.

表19・1　土壌とベビーリーフの細菌検査結果
（2011年9月2日採取）

検査項目	栽培土壌	ベビーリーフ
大腸菌	陰　性	陰　性
黄色ブドウ球菌	陰　性	陰　性
サルモネラ菌	陰　性	陰　性
腸管出血性大腸菌 O157	陰　性	陰　性

検査機関：茨城県薬剤師会公衆衛生検査センター

野菜とハーブの抗酸化力を示したものです。

また定期的に土壌、堆肥、野菜・ハーブの人への病原性細菌検査を外注で実施しておりますが、表19・1は二〇一一年九月二日の圃場の土壌とベビーリーフの細菌検査結果ですが、いずれからも大腸菌、黄色ブドウ球菌、サルモネラ菌、腸管出血性大腸菌O157は検出されませんでした。

私たち生産者はヒトの生命を育むための「食」を預かっているのです。科学的評価をもった、安全でおいしく健康で高品質な野菜を食卓に届けるのは当然の責務だと考えています。

共著者の丹羽が提唱している「健美食同源」、まさしくその通りだと思っています。そのためには生産される作物の安全性、安心、おいしさ、機能性成分などの評価とその評価に耐えうる農作物生産にあると思います。今までのように農業＝農学ではなく、医学、薬学、生命科学、分子栄養学、植物生理学、理学、工学などの分野の学際領域を組み込んだ科学がなければなりません。農作物生産とその加工には、これらの学問領域と協同融合した新しい学際領域の農業科学が真の二一世紀型の農業を拓くといえるのではないかと考えます。

高品質野菜の基本は、単に品質が高い良品を生産するだけではなく「自然と生態系の循環に配慮したものづくり」、「再生可能・資源循環を基本とするものづくり」、「品質と安全性を第一とするものづくり」を柱とするものです。先にも述べた通りですが、生態系・自然を大切にした持続可能な環境創造型農業であり、かつ科学的評価を明確にした農産物を生産することです。

著者（霜多）が参加している茨城県最高品質農産物生産研究会は、科学的評価の自主基準を定め、努力目標として会員は生産しておりますが、以下にその自主基準の要点を紹介します。

茨城県高品質農産物生産研究会自主基準

科学的に実証された安全性

農産物の安全性が科学的検査と評価に基づいていること、その品質が「安全性」「おいしさ」「健康のための機能性・栄養」を担保にしていることが必要です。

生産された農産物は科学的分析とその評価をしていること、かつ安全でおいしさと高機能性成分を確保していることです。

（1）農産物に病原性細菌が検出されない

《病原性細菌》

ビブリオ属菌　　　　　　　ウェルシュ菌
黄色ブドウ球菌　　　　　　エルシニア
サルモネラ属菌　　　　　　エロモナス
カンピロバクター　　　　　赤痢菌
病原性大腸菌　　　　　　　コレラ菌
腸管出血性大腸菌　　　　　プレジオモナス
パラチフス菌　　　　　　　チフス菌

⑵ 残留農薬基準　不検出 mg／kg

⑶ 硝酸濃度暫定目標基準

野菜、果物などの農作物中の硝酸濃度はおいしさと品質に、さらには出荷後の品質維持、保存性に大きい影響を及ぼします。また高濃度の硝酸は人の健康に影響を及ぼすことが心配されています。したがって表19・2に示すような暫定目標基準を定めています。

そのほか表19・2に示される残留農薬、重金属、硝酸値だけでなく、機能性成分（ビタミンC、総ポリフェノール）、抗酸化力（ＯＲＡＣ法）の評価についても自主基準値を定めていますが、機能性成分と抗酸化力は評価するためのバックデータがまだ十分でなく、測定データを蓄積中です。

表 19・2　茨城県高品質農作物生産研究会暫定目標基準

測定項目		単　位	研究会基準値
残留農薬		(mg/kg)	ND
重金属	Cd	(mg/kg)	＜ 0.1
	Pb	(mg/kg)	＜ 0.1
	As	(mg/kg)	＜ 0.1
	Cr	(mg/kg)	＜ 0.1
	Hg	(mg/kg)	＜ 0.1
硝酸イオン	玄　米	(mg/kg)	＜ 10
	大　豆	(mg/kg)	＜ 10
	ジャガイモ	(mg/kg)	＜ 10
	サツマイモ	(mg/kg)	＜ 10
	ね　ぎ	(mg/kg)	＜ 500
	キャベツ	(mg/kg)	＜ 800
	レタス	(mg/kg)	＜ 800
	白　菜	(mg/kg)	＜ 1000
	大　根	(mg/kg)	＜ 1000
	ニ　ラ	(mg/kg)	＜ 1000
	ほうれん草	(mg/kg)	＜ 1000
	水　菜	(mg/kg)	＜ 1000
	ベビーリーフ	(mg/kg)	＜ 1000
	小松菜	(mg/kg)	＜ 2000
	チンゲン菜	(mg/kg)	＜ 2000
	みつば	(mg/kg)	＜ 2000
	みつば（水耕）	(mg/kg)	＜ 3000
	きゅうり	(mg/kg)	＜ 2000
	ニンジン	(mg/kg)	＜ 50
	枝　豆	(mg/kg)	＜ 50
	トマト	(mg/kg)	＜ 10
	イチゴ	(mg/kg)	＜ 10
	ブドウ	(mg/kg)	＜ 10

ND：不検出.

農作物のつくり方は農業者、農家それぞれ百人百様の考え方、生産方式で行われています。それでいいのです。しかし「健康な土壌に健康な作物が育つ」ことと、そのためには「完熟堆肥」と不足養分は化成肥料とミネラル副資材で補うことは、どのような手法で作物の育成が行われようと基本中の基本だと考えています。有機肥料だけでは作物づくりは不可能に近い困難さがあります。そのためには、有機肥料の詳細な成分分析を欠かすことはできません。

20 高品質野菜・果物生産の実際

高品質なブドウの生産

茨城県高品質農作物生産研究会のメンバーである六国アクツぶどう園の圷正敏さんは東京のデパートでも高い評価を得ているブドウ生産者です。有機肥料は海藻を加えた完熟堆肥を基本として、堆肥、土壌の徹底した詳細な科学分析を行い、データの解析・評価と施肥設計しております。また生産されたブドウについても農薬、栄養成分、ミネラル成分を、さらに表20・1に例として示されるような糖成分、硝酸イオン、ビタミンCおよび抗酸化力を分析しています。

表20・1　ブドウ（アローラ）の成分分析結果（2008年と2011年の例）

成分名	単　位	2011年 8月27日	2008年 10月6日	測定方法
糖度（Brix）	g/100 g	16.4	19.5	糖度計
フルクトース（果糖）	g/100 g	7.3	12.6	高速液体クロマトグラフ法
グルコース｛ブドウ糖｝	g/100 g	7.5	11.2	高速液体クロマトグラフ法
スクロース（ショ糖）	g/100 g	＜0.05	＜0.05	高速液体クロマトグラフ法
マルトース（麦芽糖）	g/100 g	＜0.05	＜0.05	高速液体クロマトグラフ法
硝酸イオン	mg/100 g	2.6	1.4	イオンクロマトグラフ法
抗酸化能（DPPH法）	mg/Trolox相当量	35	38	DPPHラジカル消去法
ビタミンC	mg/100 g	3	3	高速液体クロマトグラフ法

［六国アクツぶどう園］

高品質なアスパラの生産

新潟県新発田市は、商工会議所との共同事業として科学的分析とその評価に基づいた地域ブランド特産物の生産を行っております。高品質野菜や果物の生産を目指している生産農家に対して、土壌や肥料の分析、またできた野菜の栄養成分と機能性成分の分析評価をすることを推奨し、分析費やパンフレットの製作費を支援しています。二〇一〇年はアスパラガス、イチゴ（越後姫）、晩生枝豆（大峰かおり）、パワーリーノ（多年生ツルムラサキ科の仲間）の成分分析と評価を行いました。二〇一一年はサクランボ

表 20・2　星野農園アスパラガスの栄養成分・抗酸化成分

栄養成分	星野農園	食品成分表
カロテン	487 μg	380 μg
ビタミン C	23 mg	15 mg
葉酸	170 mg	190 mg
カリウム	256 mg	270 mg
農薬類	いずれも検出せず	

[日立協和エンジニアリング調べ(2010)]

機能性成分と抗酸化値(星野農園)	
アスパラギン酸	406 mg/100 g
ルチン	40 mg/100 g
総ポリフェノール	100 mg/100 g
抗酸化値（ORAC）	44.8 μmol-TE/g

[日立協和エンジニアリング・新潟薬科大学調べ（2010)]

表 20・3　星野農園アスパラガス栽培履歴（2009 年）

肥料などの使用実績
7 月 6 日　収穫終了・手取り除草
7 月 8 日～
8 月15日　元肥料施肥
完熟堆肥 25000 ～ 30000 kg/10 アール
MMB 燐加安 100 kg/10 アール
アラジン 60 kg/10 アール
BM ようりん 100 kg/10 アール
苦土炭カル M-10 100 Kg/10 アール

農薬などの使用状況
7 月13日　ダコニール 1000 フロアブル 1000 倍希釈 300 L/10 アール（殺菌）
8 月 2 日　アミスター 20 フロアブル 2000 倍希釈 300 L/10 アール（殺菌）
8 月26日　ベルクート水和剤 1000 倍希釈 300 L/10 アール（殺菌）
アーデント水和剤 1000 倍希釈 300 L/10 アール（殺虫）
9 月11日　センコル水和剤 100 g/10 アール（除草）
9 月21日　ダコニール 1000 フロアブル 1000 倍希釈 300 L/10 アール（殺菌）
アファーム乳剤 2000 倍希釈 300 L/10 アール（殺菌）
2010 年
4 月 4 日　クレマート乳剤　400 mL/10アール（除草）

（佐藤錦）、リンゴ（紅玉）、イチジク（ニホンイチジク）を推奨するための科学分析とその評価を進めています。

アスパラ生産農家星野龍一さん（新潟県新発田市）は栽培を始めて三〇年、作物に無理を強いない、生態系を大事にした自然との共生を図りながらの完熟堆肥を用いた農法を取り入れています。販売するアスパラガスには表20・2に示されるように機能性成分を分析した「野菜のチカラ」と表20・3のように肥料と農薬の使用状況の栽培履歴を表示して、生協、学校給食センター、ホテルなどに出荷しています。

おわりに

著者の及川紀久雄は一九七九年から二〇〇六年の二七年間余、環境省（当初は環境庁）の化学物質関係の環境調査とその評価に関する検討会に加わっていました。全国各地から報告される環境汚染データから、河川や土壌の農薬汚染が深刻になる一方で、湖沼や海域の窒素などによる富栄養化が進行していることをひしひしと感じていました。その大きな要因は生産性と経済効率を優先し、農薬と化学肥料に頼った農業生産の現場からの汚染拡散でした。工場や事業所は排出基準が定められていますが、開放系の農業生産現場には規制基準が十分でなく、また次々と新しい農薬が出現し、生態系に大きな影響を及ぼしました。農薬をできるだけ使わない農業生産はできないだろうか、環境に負荷を与えない肥料の使い方はないだろうかと考えておりました。

そのような折、共著者の霜多増雄(株)シモタファーム)に出会いました。今から二六年前です。彼は生食ハーブの生産をしており、病害虫防除には農薬は使えない、農薬を使わないで虫に食害されず、病気にならない安全でおいしいものはできないだろうかと試行錯誤しておりました。また肥料は有機堆肥にこだわっておりました。お互いに生態系へ負荷を与えない、自然との共生を図れる農作物生産をめざすことには意見が一致しておりました。

及川が堆肥、土壌、作物のイオン成分やミネラル成分の分析と解析を行い、霜多と意見交換と検討を繰り返しておりました。でもなかなか答えが見つかりませんでした。

一九九八年頃堆肥づくり、土壌づくり、作物のでき具合から積み重ねられたデータから、堆肥や土壌にアンモニアが残存していないこと、野菜やハーブに硝酸が桁違いに少ないことの条件が見出されたのです。その分析結果を基本に、完熟堆肥に不足するミネラル成分を加えた肥料設計をしたところ、おいしい健康そうな野菜、ハーブができるようになりました。

それまでは霜多がつくった堆肥も完熟ではなかったのです。堆肥とはアンモニアが検出されない、窒素分のすべてが硝酸態になっている完熟状態であること、圃場の土からもアンモニアが検出されないことの基本がわかったのです。そして作付の前に土壌の成分をイオンクロマトグラフ装置で分析して、その結果から施肥設計をしました。

圃場の土からも野菜からもヒトの健康にかかわる病原性細菌が検出されなくなりました。アンモニアの検出されない完熟堆肥を施肥した健康な土壌に育つ野菜やハーブには、害虫も病気も極端に少なくなりました。農薬を散布する必要がないのです。そのような土壌からは硝酸濃度の少ない、抗酸化力の高いおいしい野菜やハーブが産生するようになりました。連作障害も起こらなくなりました。及川が目指していた生態系にやさしい、自然と共生できる環境負荷の少ない農作物生産ができているのです。まさしく環境創造型農業の実現です。本文で縷々述べたように、そのキーワードは硝酸とアンモニアです。日本も世界も農業の環境保全を進めつつ、持続可能な生産活動のための教科書ができたわけです。

共著者の丹羽真清（デザイナーフーズ㈱）は、野菜のビジネスを通して日本人の医療費を削減したいと考え、野菜の研究をしてきました。食を分子栄養学的に考え、食材の組合せや調理方法をデザインすることによって、健康に年を重ねることができると確信を強めました。

日本人の平均寿命は八三歳で、世界一（二〇一一年、ＷＨＯ（世界保健機関））の長寿国です。誰しも、この長い人生を最後まで健やかに過ごしたいと願わずにはおれません。ところが、日本人の健康寿命は七五歳ですから、平均して八年間は体のどこかにトラブルを抱えていることになります。これは、わが国の財政にとって緊急の課題です。九二〜九三兆円の国家予算のなかで、医療費は三五兆円に達しており、その中で高齢者の医療費が三分の一以上を占めます。このままあと一〇〜一五年経つと、医療費は五六兆円にもなると試算されており、高齢化が進み人口が激少していくなかで、医療費が税収入を超えることは避けなければなりません。医療費を減らすキーワードは「健康に年を重ねる」ことだと考えています。

それには野菜のチカラが重要です。健康で人生を全うするには、どういう野菜がいいのか。圃場から、タネ、栽培方法まで、野菜を知って素材を選択する。さらに、そのチカラがいきる組合せ方、調理方法、食べ方を実践し、いつまでも健やかな人生を楽しんでいただきたいのです。

本書は科学をベースに高品質な野菜・ハーブの生産をしている農業者と、薬科大学で環境分析科学を専門としていたものと、ビューティーエイジング、アンチエイジングの基本は「健美食同源」であるとして食材をデザインし提供を考える分子栄養学を専門とするものとの三者のコラボレーションで書き上げました。そして農業は学際科学であることを実感しています。

農業は人の健康を守る生命産業です。それゆえに生産者は、科学的エビデンスのある安全で安心だけでなく、さらに機能性成分量の高い付加価値のあるものを生産する責任とその自負をもってしかるべきです。農作物流通は自分で値段をつけて市場に出せるシステムのあり方に変わらなければなりません。そこには生産者同士の品質の競争原理が働き、より品質の高いものが産生され、消費者の信頼を勝ち取ることにつながります。

二〇一一年三月の東京電力福島第一原子力発電所の水素爆発事故による放射性セシウムなどの拡散汚染による不安が高まっているだけに、食物に対する消費者の安全とその科学性に対する認識が大きく変わりました。いわゆるそのエビデンスを問う感性が高くなりました。

これからは、農業生産者も消費者も、生産物の姿・形ではなく科学性評価が第一である時代に入ったのです。日本は食品の機能性科学と遺伝子レベルでの研究、たとえばニュートリゲノミクス（栄養遺伝子科学）の分野では世界のトップレベルです。本書に書かれた部分はその入口にすぎませんが、すでに始まっている機能性食材の選択とその食事の時代に即応すべく、農作物生産のあり方も大きく変わって行くでしょう。もちろん、日本の野菜や果物も機能性の品質において世界のトップブランドであることです。本書がそのための橋渡し役であり、先導役になれば望外の喜びです。そして、本書で述べてきた「おいしい野菜の健康力」がみなさんのヘルシーエイジングの一助となることを願っています。

本書の執筆にあたり、多くの著書、資料を参考にさせていただいたことに心から感謝する次第です。著者及川が在職していた新潟薬科大学応用生命科学部環境安全科学研究室のスタッフ、卒業生たちが二四時間継続の実験、そして試料を提供いただいた寺尾農園・寺尾佐敏氏と白井ファーム・白井法夫氏ほか多くの方々の協力で貴重な成果が得られました。そのデータを活用させていただいたことに深く謝意を表します。六国アクツぶどう園・圷正敏氏ならびに星野農園・星野龍一氏からは貴重な生産データの提供をいただきました。また元滋賀大学教授の中村英司先生からは翻訳著書「生きている土壌（エアハルト・ヘニッヒ 著）」（日本有機農業研究会）

と「作物の健康（フランシス・シャブスー 著）」（八坂書房）を参考にすることを許諾されたとともに、多くの教えをいただきました。心より感謝申し上げます。

そして、丸善出版株式会社企画・編集部小野栄美子氏、長見裕子氏には企画、編集、校正とたいへんお世話になったとともに多くのお力添えをいただいたことに感謝申し上げます。

著者を代表して　及　川　紀久雄

参考資料

・及川紀久雄 監修、霜多増雄 著、『科学でわかった 安全で健康な野菜はおいしい』、丸善（二〇〇七）。
・フランシス・シャブスー 著、中村英司 訳、『作物の健康』、八坂書房（二〇〇三）。
・エアハルト・ヘニッヒ 著、中村英司 訳、『生きている土壌』、日本有機農業研究会（二〇〇九）。
・白鳥早奈英、板木利隆 監修、『もっとからだにおいしい野菜の便利帳』、高橋書店（二〇〇九）。
・『二〇一一食品標準成分表（二〇一〇年第一三次改訂）』、全国調理師養成施設協会発行（二〇一一）。
・福井 透 著、『新版 薬剤師がすすめるビタミン・ミネラルのとり方』、丸善出版（二〇一〇）。
・辻村 卓、青木和彦、佐藤達夫、『野菜のビタミンとミネラル』、女子栄養大学出版部（二〇〇三）。
・知地英征 編著、『第三版 食べ物と健康 I食品と成分』、三共出版（二〇一一）。
・吉田 勉 監修、小関正道、佐藤隆一郎 編著、『第三版 わかりやすい食物と健康―食品とその成分』、三共出版（二〇一一）。
・吉川敏一、河野雅弘、野原一子、『活性酸素・フリーラジカルのすべて―健康から環境汚染まで』、丸善出版（二〇〇〇）。
・平松 緑、『抗酸化食品―その驚きのパワー』、Ｎａｎａブックス（二〇〇五）。
・渡辺和彦、『野菜の要素欠乏・過剰症』、農山漁村文化協会（二〇〇四）。
・山崎耕宇、杉山達夫、高橋英一、茅野充男、但野利秋、麻生昇平、『植物栄養・肥料学』、朝倉書店（二〇〇二）。
・ＪＡ全農・肥料農薬部 監修、『改訂五版 土づくり肥料のＱ＆Ａ』、土づくり肥料推進協議会（二〇〇八）。
・『水土の知を語る Vol.8 物質循環を考える―その３』、日本水土総合研究所（二〇〇五）。

著者紹介

及川紀久雄（おいかわ・きくお），工学博士（慶応義塾大学）
【現 在】　新潟薬科大学名誉教授.
1967年，千葉大学大学院修士課程修了（薬学修士）後，財団法人 日本環境衛生センターに勤務．1977年，新潟薬科大学薬学部環境化学講座講師，助教授，教授．2002年，応用生命科学部環境安全科学研究室教授．2009年4月より現在に至る.
【専 門】　環境安全科学，木質炭化物の高機能化，資源循環型エコシステム，野菜の高品質科学.
【著 書】　『究極の「炭」健康法 —科学が証明する炭の効能—』（共著，マキノ出版），『科学でわかった 安全で健康な野菜はおいしい』（監修，丸善出版）ほか多数.

丹羽真清（にわ・ますみ）
【現 在】　デザイナーフーズ株式会社 代表取締役社長，デリカフーズ株式会社 専務取締役，椙山女学園大学非常勤講，日本アマニ協会設立発起人，協会理事.
椙山女学園大学家政学部食物学科管理栄養士専攻卒業後，食品メーカーで商品開発などに8年間従事後，“食のコーディネーター”として独立．1999年，デザイナーフーズ株式会社設立．野菜ビジネスを通して日本の医療費削減に貢献したいと考え，食べ方をデザインし，外食産業が“食の病院”，食品メーカーが“食の薬局”になるための情報提供，商品開発，企画提案を行っている.

霜多増雄（しもた・ますお）
【現 在】　株式会社シモタファーム 代表取締役社長，茨城農業改革委員会・専門分科会委員.
1945年，茨城県取手市生まれ．1963年，千葉県立東葛飾高等学校卒業を機に就農．1975年からハーブ・生食野菜の本格栽培に入り，1990年，株式会社シモタファーム 設立.
【受 賞】　2003年，平成15年度 全国農業コンクール優秀賞，2004年，平成16年度 地域特産物マイスター認定，2006年，第36回 日本農業賞大賞.
【著 書】　『科学でわかった 安全で健康な野菜はおいしい』（丸善出版）.

さくいん

あ　行

か　行

さ　行

た　行

な　行

は　行

ま　行

や　行

ら　行

及川紀久雄（おいかわ・きくお）： 新潟薬科大学名誉教授
丹羽　真清（にわ・ますみ）： デザイナーフーズ株式会社 代表取締役社長，デリカフーズ株式会社 専務取締役，椙山女学園大学非常勤講，日本アマニ協会 理事
霜多　増雄（しもた・ますお）： 株式会社シモタファーム 代表取締役社長，茨城農業改革委員会・専門分科会委員

データが語る
おいしい野菜の健康力

平成24年3月30日　発　行

著作者　及　川　紀久雄
　　　　丹　羽　真　清
　　　　霜　多　増　雄

発行者　池　田　和　博

発行所　丸善出版株式会社
〒101-0051 東京都千代田区神田神保町二丁目17番
編集：電話(03)3512-3263／FAX(03)3512-3272
営業：電話(03)3512-3256／FAX(03)3512-3270
http://pub.maruzen.co.jp/

組版印刷・株式会社 日本制作センター／製本・株式会社 星共社

ISBN 978-4-621-08520-2 C 0040　　Printed in Japan